Rolf Esser URIGE ZEITEN

Ein Streifzug durch die Urgeschichte der Menschheit

D1620391

Verlag an der Ruhr

Impressum

Autor: Rolf Esser

**Gestaltungskonzept,
und Grafik:** Rolf Esser

Redaktion: Volker Pruß, Wilfried Stascheit

Titelbild: Gerd Werner

Druck: Druckerei Uwe Nolte, Schwerte

Verlag an der Ruhr,
Postfach 10 22 51,
45422 Mülheim an der Ruhr,
Tel.: 02 08 / 49 50 40,
Fax: 02 08 / 495 0 495

© Verlag an der Ruhr, Juni 1993

ISBN 3-86072-077-5

Bildquellennachweis

Museum für Ur- und Ortsgeschichte Bottrop bzw. Arno Heinrich:
S. 9, S. 16, S. 19, S. 21, S. 22, S. 28, S. 29, S. 30, S. 32, S. 33 (Mammutskelett), S. 34, S. 37, S. 38, S. 64, S. 66, S. 73, S. 84, S. 85 und Umschlagseite 4, S. 95, AB 7, AB 14, AB 25

Landesbildstelle Westfalen, Münster:
S. 20, S. 27, S. 31, S. 33 (Rüsselenden), S. 35, S. 36, AB 12

P.M.-Magazin / Gruner+Jahr Verlag, Hamburg:
S. 74, S. 76, S. 77, S. 78, S. 79, S. 80, S. 81

Verlag R. Piper GmbH & Co. KG, München:
(Donald Johanson/Maitland Edey, Lucy, München 1982; Donald Johanson/James Shreeve, Lucy's Kind, München 1990):
S. 45, S. 47, S. 49, S. 50, S. 51, S. 52, S. 53, S. 54, S. 55, S. 56, S. 57, S. 58, S. 59, AB 18

Niedersächsisches Landesmuseum Hannover, Naturkundeabteilung:
S. 61, S. 63 und Umschlagseite 4, S. 65

Prehisto-Parc, Tursac, Les Eyzies, Frankreich:
S. 68, S. 69, S. 70, S. 71, S. 72, S. 86, S. 87, S. 88, S. 89

Velber Verlag GmbH, Seelze:
Titelbild: Gerd Werner, Treff-Schülermagazin 12/91 (Poster)

Der Abdruck der Bildmaterialien erfolgt mit freundlicher Genehmigung der angegebenen Personen, Institutionen und Verlage. Die Copyrights liegen jeweils dort.

In den Sommerferien 1989 fuhr ich mit meiner Familie im Wohnmobil durch Südfrankreich und die Pyrenäen. Bei einem Abstecher nach Andorra stießen wir beim Durchblättern von Prospekten auf den Ort **Niaux** am französischseitigen Fuße des Gebirges, wo es eine prähistorische Höhle mit Wandmalereien unserer Vorfahren geben sollte.

Wir wollten die Gelegenheit zur Besichtigung natürlich nutzen. Dazu muß man sich vor Ort bei der Höhlenverwaltung anmelden. Längere Wartezeiten sind üblich. Wir hatten jedoch Glück und konnten schon am Nachmittag bei einer Begehung dabei sein. Die Grotte ist - aus gutem Grund, wie ich später noch ausführen werde - nur in Begleitung zu besichtigen, zudem sind die Gruppen sehr klein.

Etwa 30 Minuten dauerte der Einstieg, allein das schon eine beeindruckende Leistung der Steinzeitmenschen, die ja gewiß mit einer weniger komfortablen Beleuchtung ausgestattet waren, wenn überhaupt. Endlich dann konnten wir in der letzten großen Halle die Zeichnungen unserer Vorfahren aus der Epoche des **Magdalenien** - also einem Zeitraum bis 15 000 Jahre vor unserer Zeitrechnung - bewundern.

Selten habe ich treffendere Tierzeichnungen gesehen: Pferde, Bisons, Steinböcke, dargestellt in einer Frische, als seien sie gestern erst entstanden. Uns beeindruckte dieser Höhlenbesuch so sehr, daß wir spontan beschlossen, quer durch Frankreich ins **Périgord** zu fahren, um eine weitere urgeschichtliche Stätte, die Grotte von **Lascaux**, anzusehen. Diese Höhle ist - neben der von **Altamira** in Nordspanien - für ihre Vielfalt der Abbildungen weltberühmt.

Dort angekommen mußten wir jedoch feststellen, daß man die Originalhöhle für den Publikumsverkehr auf Dauer geschlossen hat. Bis 1963 waren erstaunliche Besuchermassen durch die Sehenswürdigkeiten geschleust worden. Durch das Atmen und die Ausdünstungen der Menschen stellte sich aber eine gefährliche Veränderung des Binnenklimas der Grotte ein. Die Wände blühten aus, Kalkablagerungen durchsetzten die Wandmalereien und drohten sie unwiederbringlich zu zerstören.

Inzwischen konnten die ursprünglichen klimatischen Verhältnisse wiederhergestellt werden, hinein in die Höhle dürfen aber nur ausgewiesene Forscher. Für uns gewöhnliche Besucher hat man sich etwas anderes einfallen lassen. In 10jähriger Arbeit wurde im Maßstab 1:1 in der Nähe **Lascaux II** erbaut, originalgetreu in den Ausmaßen und Abbildungen. Eine Wahnsinnsarbeit, wie wir einem Dokumentarfilm entnehmen konnten. Dennoch, der Bilderreichtum der Faksimilegrotte hat mich nicht so sehr beeindruckt wie die wenigen Darstellungen in **Niaux**. Denn die waren echt!

Nach dieser so interessanten Reise habe ich mich erst recht in das Thema „Steinzeit" gestürzt. Als Geschichtslehrer weiß ich, wie sehr SchülerInnen sich dafür begeistern können. Auch erscheinen mir viele Abhandlungen in den Geschichtsbüchern sehr spartanisch, ja, oftmals sogar hinter den neuesten Erkenntnissen zurück oder gar wissenschaftlich falsch. So habe ich mich zur Ausarbeitung dieser Unterrichtseinheit entschlossen.

Sollten Sie einmal in Mittelfrankreich sein, im **Périgord** entlang der Flüsse Dordogne und Vézère gibt es außer **Lascaux** eine Vielzahl von prähistorischen Stätten zu besichtigen. In dieser Gegend begannen Menschen bereits vor 30 000 Jahren mit ihren Wandzeichnungen und anderen künstlerischen Darstellungen. Ich jedenfalls bin sicher, daß ich noch einmal dort verweilen werde. Nun aber viel Spaß mit dieser Mappe im Unterricht. Sicher werden Sie und Ihre SchülerInnen mit mir zu der Erkenntnis gelangen:
Unsere frühesten Vorfahren waren doch eigentlich Menschen wie Du und ich.

Rolf Esser

Viele Fragen - richtige Antworten?

Wer jemals in einer sternenklaren Nacht auf einem Berg gestanden und von unserem „Raumschiff Erde" hinaus in den Weltraum geschaut hat, dem ist zweifellos klar geworden, wie klein und unbedeutend der Mensch doch eigentlich ist. Unendliche Weite mit unzähligen Sternen - Sonnen also, die womöglich unvergleichlich größer sind als die unsere mit den sie umkreisenden Planeten, deren Schicksal wir nicht kennen.

Entfernungen und Zeiträume, die im Universum eine Rolle spielen, sprengen unsere Vorstellungskraft. Zwar haben uns die letzten hundert Jahre umwälzende Erkenntnisse gebracht, doch immer wieder stoßen wir an die Grenzen des Faßbaren. Wir können die Erfahrungen von Milliarden Jahren oder Entfernungen von Lichtjahren nicht machen. Unser vermeintliches Wissen baut auf Theorien wie der Einsteinschen Relativitätslehre auf.

Eben noch haben wir gehört, daß das Universum durch den sogenannten Urknall entstanden ist, vor 10 oder 20 Milliarden Jahren, was macht das schon für einen Unterschied. Nun wird auch dieser Urknall wieder in Frage gestellt, weil Forscher Phänomene beobachtet haben, die einer solchen Ansicht völlig widersprechen.

Nun mag es ja sein, daß gerade die Erforschung des Universums dem Menschen kaum gegeben ist. Wäre da nicht die Erde mitsamt ihren Bewohnern ein Forschungsobjekt mit gesicherten Erkenntnissen? Weit gefehlt! Was wir über unseren Planeten wissen, ist ebenso ein Produkt der letzten Jahrzehnte und enthält noch gewaltige Lücken, was die Evolution der Lebewesen betrifft.

Das Erdalter läßt sich noch einigermaßen gut bestimmen und liegt so bei 4,5 Milliarden Jahren. Aber warum die Erde nun gerade so entstand und wie ganz genau, aus Gasen des Urknalls, den es dann doch nicht gegeben hat? Vermutungen.

Das Leben in seiner Urform entstand etwa vor 3 Milliarden Jahren. Auch das läßt sich ziemlich genau zurückverfolgen. Dann gab es die Zeit der großen Saurier, und wir rätseln heute darüber, warum diese Giganten so „plötzlich" ausgestorben sind, wobei es uns unerheblich erscheint, daß sie immerhin 140 Millionen Jahre überdauert haben.

Im gleichen Atemzug betrachten wir uns Menschen als die Krone der Schöpfung, von der man annehmen kann, daß sie mit ihren Vorfahren seit rund 3 Millionen Jahren existiert. Ein vergleichsweise lächerlicher Wert, der auch nicht annähernd die Chance hat, Saurierdimensionen zu erreichen, da die „Krone der Schöpfung" dabei ist, sich den eigenen Lebensraum zu ruinieren.

Die Evolution des Menschen selbst ist erst in den letzten 50 Jahren ins rechte Licht gerückt worden, wobei wir auch hier wieder auf vielerlei Schlußfolgerungen und Vermutungen stoßen. Die entscheidende Schnittstelle der Entwicklung vom Tier zum Menschen aber hat man bis heute nicht entdeckt. Mehr noch: hat es diese Schnittstelle überhaupt gegeben? Ganz wagemutige Forscher stellen nunmehr auch die Darwinsche These von der fortlaufenden Entwicklung der Arten durch Auslese zur Diskussion. Sie halten auch Evolutionssprünge für möglich. Muß der Mensch also vielleicht seinen eigenen Absolutheitsanspruch revidieren, weil er ein Produkt des Zufalls ist?

Viele Fragen. Warum also in den Weltraum hinaus theoretisieren, wenn es an der eigenen Existenz noch so viel zu forschen gibt? Vielleicht gelingt es doch im Laufe der Arbeit mit dieser Unterrichtseinheit, etwas mehr Verständnis für das unbekannte Wesen „Mensch" zu entwickeln, besonders dafür, wie wir zu dem geworden sind, was wir sind, aber auch dafür, was unsere Vorfahren bestimmt nicht waren: primitive Halbaffen.

1. Die Erde verändert sich

Die inneren Kräfte

Unsere Erde, auf der wir Menschen mehr oder weniger gedankenlos leben, verändert sich ständig. Da sind zunächst einmal die Veränderungen, die aus dem Inneren der Erde kommen. Man nennt sie **endogene (innere) Kräfte**. Die Erdkruste schwimmt auf einem glühenden Kern. Ganze Kontinente sind dauernd in Bewegung.

Diese Veränderungen sind für uns kaum merklich, denn sie dauern Jahrmillionen. Allerdings - manchmal macht uns die Erde doch darauf aufmerksam, daß etwas vorgeht. Kaum ein Jahr, ohne daß nicht irgendwo ein Erdbeben die Erde erschüttert. Ebenso ist es mit den Vulkanausbrüchen, die sehr dramatisch die Gefährlichkeit unseres Untergrundes aufzeigen.

Erdbeben

In Kalifornien zum Beispiel leben die Menschen auf einer Zeitbombe. Die Millionenstadt **Los Angeles** liegt genau im Bereich der 1000 Kilometer langen **San-Andreas-Spalte**. An dieser Stelle verschieben sich die Schollen zweier Kontinente gegeneinander, die Amerikanische und die Pazifische. Im Augenblick sind es etwa fünf Zentimeter im Jahr, genug, um aufgrund der entstehenden Reibung immer wieder Erdbeben hervorzurufen. 1906 kam es schon einmal durch eine gewaltige Erderschütterung zu einer riesigen Katastrophe in Los Angeles. Immer wieder gab es seitdem Beben. Wissenschaftler meinen, daß bald wieder ein großer Crash zu erwarten ist.

Kontinentaldrift

Ein anderes Beispiel: **Im Rift Valley** in Ostafrika zerbricht der afrikanische Kontinent. Irgendwann in ferner Zukunft wird dort ein neuer Ozean entstehen, Äthiopien und Kenia werden auseinanderbrechen und sich vom übrigen Kontinent entfernen. Ungefähr 20 bis 30 Millionen Jahre wird dieser Vorgang dauern.

Vulkanismus

Bei Vulkanen kann man noch am ehesten erahnen, wie es unter uns brodelt. 500 aktive Vulkane sind überall auf der Erde verteilt. Auf Hawaii ist der Vulkanismus eine ständige Touristenattraktion. Der **Kilauea-Krater** dort ist der aktivste Vulkan der Welt.

Trotz gründlicher Erforschung aller endogenen Kräfte kann bis heute kein Experte vorhersagen, wann ein Vulkan ausbricht oder ein Erdbeben droht.

Fachbegriffe

Erdkruste. Die äußere, feste Hülle der Erde, die unter den Ozeanen bis 15 Kilometer, unter den Kontinenten bis 40 Kilometer und unter Gebirgen bis 70 Kilometer dick ist.

Erdinneres. Besteht aus dem unter der Erdkruste liegenden Mantel, der bis 2900 Kilometer Tiefe reicht und gesteinbildendes Material enthält. Darunter liegt der Erdkern, der überwiegend Eisen enthält. Der von 2900 bis 5100 Kilometer reichende äußere Kern ist flüssig, der innere Kern aber fest, weil dort der Druck so außerordentlich hoch ist.

Magma. Eine rotglühende, zähflüssige Masse aus geschmolzenem Gestein im Erdinnern. Sie besteht aus Silikaten und Gasen wie Wasserdampf und Kohlendioxid. Bei einem Vulkanausbruch sorgen die Gase für den Knall und verteilen sich dann in der Atmosphäre, während der Rest als Lava aus dem Vulkan austritt.

Konvektionsströme. Wenn in Gasen oder Flüssigkeiten Temperatur- oder Dichteunterschiede herrschen, entstehen in ihnen Ausgleichsströmungen. Solche Ströme gibt es auch im Erdinnern. Sie bewegen sich sehr langsam (einige Zentimeter im Jahr), verursachen aber die Kontinentaldrift, also die Bewegung der großen Schollen der Erdkruste.

Die äußeren Kräfte

Nicht nur Kräfte aus dem Inneren verformen die Gestalt unserer Erde. Auch äußere Einwirkungen **(exogene Kräfte)** tragen dazu erheblich bei. Dies können wir manchmal sogar direkt beobachten, etwa nach einer Sturmflut. Auf der Nordseeinsel Sylt werden dabei regelmäßig erhebliche Schäden an der Küstenlinie festgestellt. Die Insel wird immer kleiner. Wetter und Witterung, also Regen und Wind, Hitze und Kälte, tragen ebenfalls zu Veränderungen bei. Wüsten wandern, Flüsse trocknen aus, Gestein zerspringt, Erdrutsche bedrohen Siedlungen.

Es stellt sich die Frage, was denn das alles mit dem gestellten Thema zu tun hat. Warum ist uns die Erdkruste ein großes Geschichtsbuch, in dem man - wenn man es versteht - über unsere Vergangenheit nachlesen kann?

Schichten

Dazu muß man wissen, daß die Erdkruste in Schichten aufgebaut ist. Als Faustregel gilt, daß die obere Schicht jeweils jünger ist als die darunter liegende. Dies kann aber wirklich nur eine Faustregel sein. Der tatsächliche Schichtaufbau der Erdkruste ergibt sich aus dem Zusammenspiel der endogenen und exogenen Kräfte mit ihrer außerordentlich großen Gestaltungskraft innerhalb langer Zeiträume.

Für die geschichtliche Darstellung solch weitreichender Vorgänge haben aber die an der Oberfläche wirkenden Vorgänge dennoch große Bedeutung. Sie sorgen als erste dafür, daß sich Einlagerungen in die Oberschicht bilden. Einlagerungen können sein: abgestorbene Pflanzen, Muschelschalen, Tier und Mensch.

Fossilien

Die Jahrmillionen wirkenden Kräfte erzeugen nun immer wieder erneuten Schichtaufbau. Die oberen Schichten gelangen in den Untergrund, großer Druck wirkt auf sie ein. Die in ihnen eingeschlossenen Einlagerungen versteinern und werden zu **Fossilien***. Fossilien sind Versteinerungen urzeitlicher Lebewesen. Und jetzt wird es klar: Wenn nämlich nach einer solchen Versteinerung wiederum der Schichtaufbau durcheinander gerät, so ist es durchaus möglich, daß irgendwann eine sehr alte Schicht an die Oberfläche gelangt und uns somit ihre „Informationen" preisgibt. Wir - bzw. die damit befaßten Forscher - erfahren etwas über unsere graue Vorzeit. Finden sich etwa in Gebirgen plötzlich Fossilien von Muscheln oder Meeresbewohnern, so kann wohl jeder Laie daraus messerscharf schließen, daß in diesem Gebirge vor Urzeiten mal ein Meer war, natürlich, bevor es sich aus der Erdkruste durch endogene Kräfte herausgehoben hat.

Leitschichten und Leitfossilien

Die Forscher haben besondere Methoden entwickelt, um über die Erdgeschichte und damit auch über die Geschichte der Lebewesen Aussagen machen zu können. Zuerst einmal haben sie den verschiedenen Schichten der Erdkruste komplizierte Namen gegeben, die man sich sicher nicht merken muß. Aber man kann sich merken, daß diese Namen einem bestimmten Zeitraum der Erdgeschichte entsprechen. Das sind die sogenannten **Leitschichten**. Außerdem hat man Fossilien ausgewählt, die in der Altersbestimmung dem Alter dieser Schichten entsprechen. Das sind die sogenannten **Leitfossilien**. So kann man in zweierlei Richtung arbeiten. Hat man eine Leitschicht und unbekannte Fossilien, so weiß man durch die Schicht ihr Alter. Hat man Leitfossilien in einer nicht gleich zu erkennenden Schicht, so kann man daraus ebenfalls die Ableitung treffen. Beide Methoden greifen ineinander und helfen den Forschern, weit in die Vergangenheit zurückzublicken. Fossilien suchen und finden ist keine Geheimwissenschaft. Jeder, der zum Beispiel mal einen Ausflug in ein Gebiet macht, dessen Gestein aus sogenanntem **Massenkalk** besteht, wird schnell fündig werden. Im Massenkalk - gepreßte Muschelschalen der Urzeit - findet man die bekannten Ammoniten, versteinerte ausgestorbene Kopffüßler mit sehr großen Kalkschalen.

* von lateinisch >fossilis< = ausgegraben

Fossile Funde aus dem
Museum für Ur- und Ortsgeschichte, Bottrop

Farnblattwedel, Fundort: Bottrop, Zeche Rheinbaben

Rindenabdruck eines Siegelbaumes, Fundort: Bottrop, Zeche Rheinbaben

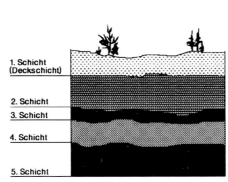

1. Schicht
(Deckschicht)

2. Schicht

3. Schicht

4. Schicht

5. Schicht

Schichtaufbau der Erdkruste

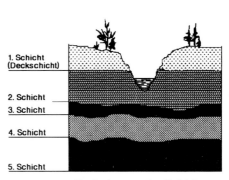

1. Schicht
(Deckschicht)

2. Schicht

3. Schicht

4. Schicht

5. Schicht

Veränderung der Schichten
Ein Fluß gräbt sich ein

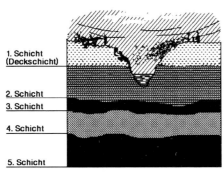

1. Schicht
(Deckschicht)

2. Schicht

3. Schicht

4. Schicht

5. Schicht

Veränderung der Schichten
Sturm und Regen wirken ein

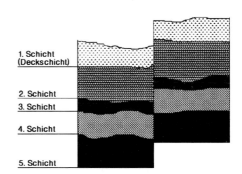

1. Schicht
(Deckschicht)

2. Schicht

3. Schicht

4. Schicht

5. Schicht

Veränderung der Schichten
Verschiebungen, Erdbeben

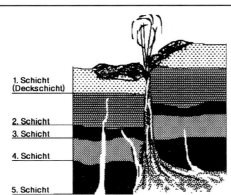

1. Schicht
(Deckschicht)

2. Schicht

3. Schicht

4. Schicht

5. Schicht

Veränderung der Schichten
Spalten, Risse, Vulkanausbrüche

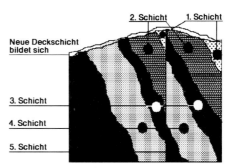

2. Schicht   1. Schicht

Neue Deckschicht
bildet sich

3. Schicht

4. Schicht

5. Schicht

Veränderung der Schichten
Schrägstellung und Verwerfung der Scholle

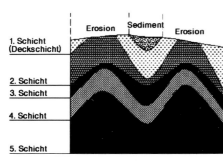

Erosion   Sediment   Erosion

1. Schicht
(Deckschicht)

2. Schicht

3. Schicht

4. Schicht

5. Schicht

Veränderung der Schichten
Faltung, Abtragung, Ablagerung

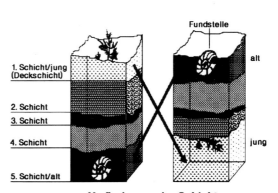

Fundstelle

1. Schicht/jung
(Deckschicht)

2. Schicht

3. Schicht

4. Schicht

5. Schicht/alt

alt

jung

Veränderung der Schichten
Fossilien gelangen an die Oberfläche

Kopiervorlage für OH-Projektion

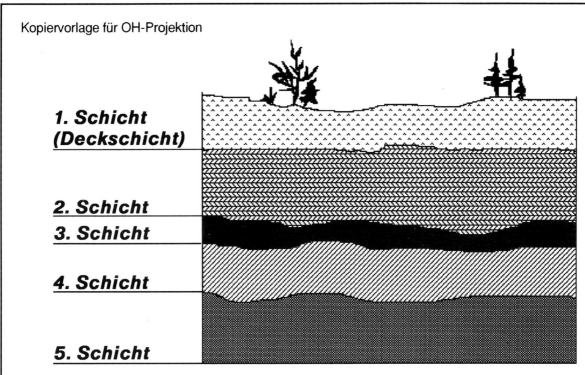

1. Schicht
(Deckschicht)

2. Schicht

3. Schicht

4. Schicht

5. Schicht

Schichtaufbau der Erdkruste

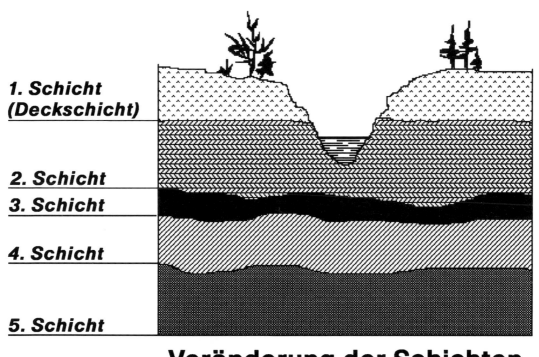

1. Schicht
(Deckschicht)

2. Schicht

3. Schicht

4. Schicht

5. Schicht

Veränderung der Schichten
Ein Fluß gräbt sich ein

Kopiervorlage für OH-Projektion

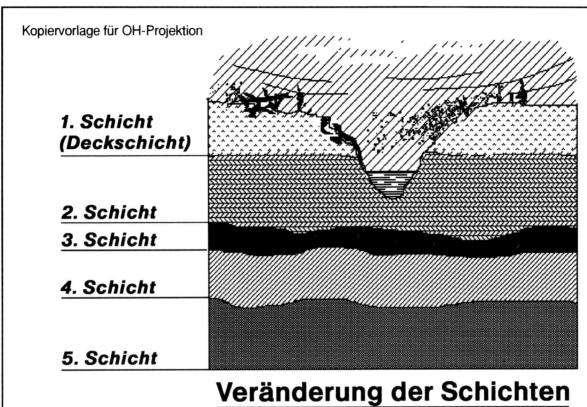

1. Schicht
(Deckschicht)

2. Schicht

3. Schicht

4. Schicht

5. Schicht

Veränderung der Schichten
Sturm und Regen wirken ein

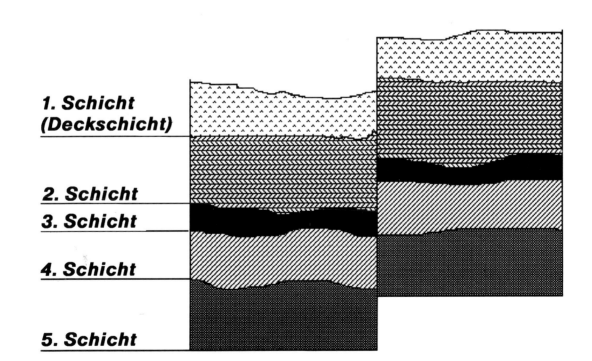

1. Schicht
(Deckschicht)

2. Schicht

3. Schicht

4. Schicht

5. Schicht

Veränderung der Schichten
Verschiebungen, Erdbeben

Kopiervorlage für OH-Projektion

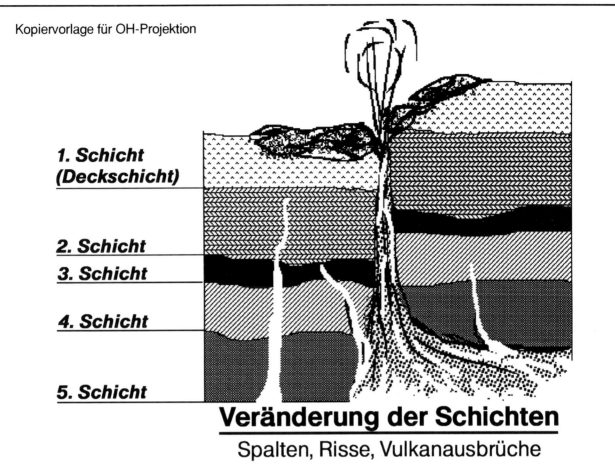

**1. Schicht
(Deckschicht)**

2. Schicht

3. Schicht

4. Schicht

5. Schicht

Veränderung der Schichten
Spalten, Risse, Vulkanausbrüche

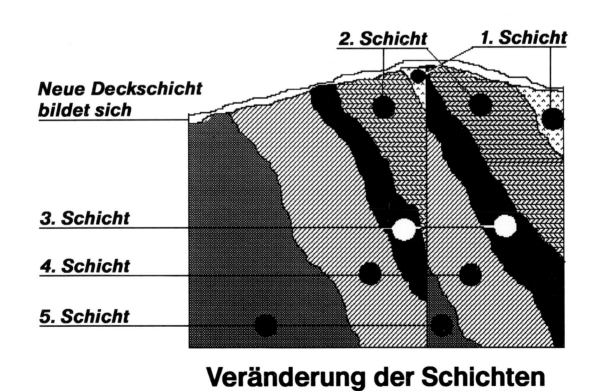

2. Schicht   **1. Schicht**

**Neue Deckschicht
bildet sich**

3. Schicht

4. Schicht

5. Schicht

Veränderung der Schichten
Schrägstellung und Verwerfung der Scholle

Kopiervorlage für OH-Projektion

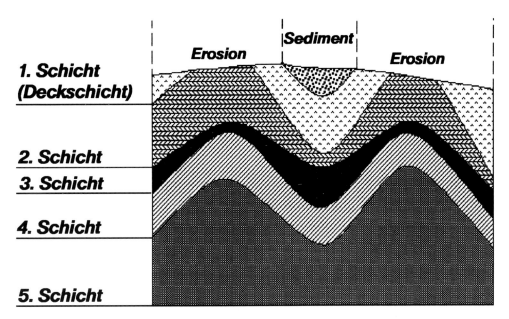

1. Schicht
(Deckschicht)

2. Schicht

3. Schicht

4. Schicht

5. Schicht

Erosion   Sediment   Erosion

Veränderung der Schichten
Faltung, Abtragung, Ablagerung

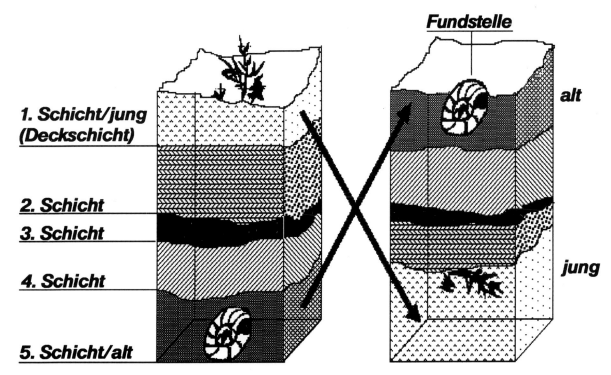

Fundstelle

1. Schicht/jung
(Deckschicht)

2. Schicht

3. Schicht

4. Schicht

5. Schicht/alt

alt

jung

Veränderung der Schichten
Fossilien gelangen an die Oberfläche

Erdzeiten und Formationen

Die Vorgänge, die die Erdschichten nachhaltig verändern, passieren - wie gesagt - über einen Zeitraum von vielen Millionen Jahren. Die Forscher haben sich Schicht um Schicht in die Erdgeschichte eingegraben und sind dabei bis zurück ins Altertum unseres Planeten gelangt. All diese Schichten, die man auch als **geologische Formationen** bezeichnet, haben sie mit Namen belegt, die wir Laien uns nur schwer merken können. Die Namen haben kein eindeutiges System. Es können beispielsweise Ortsnamen sein. In der Forschung gilt: Derjenige Wissenschaftler, der etwas entdeckt und nachweist, daß dies auch etwas Besonderes ist, darf es benennen. Insgesamt sieht die Einteilung der Erdzeit so aus:

Erdzeit	Formation	Unterformation	Leitfossil		Mill. Jahre
ERDNEUZEIT (Känozoikum)	Quartär	Holozän Pleistozän		Mensch Nager Elefant	1
	Tertiär	Jungtertiär Alttertiär		Säugetiere	65
ERDMITTELALTER (Mesozoikum)	Kreide	Oberkreide Unterkreide		Foraminifere	140
	Jura	Malm Dogger Lias		Ammonit	180
	Trias	Keuper Muschelkalk Buntsandstein		Ceratit	225
ERDALTERTUM (Paläozoikum)	Perm	Zechstein Rotliegendes		Seelilie	275
	Karbon	Oberkarbon Unterkarbon		Brachiopode	345
	Devon	Oberdevon Mitteldevon Unterdevon		Goniatit	400
	Silur			Panzerfisch	440
	Ordovizium			Graptolith	490
	Kambrium			Trilobit	580
ERDURZEIT (Azoikum)	Proterozoikum				1.800
	Archaikum				5.000

Methoden

Die Art der Altersbestimmung der Erdzeiten wurde in den letzten Jahrhunderten entwickelt. Dabei benutzte man zunächst die Methode, die Bestimmung nach Leitfossilien und Gesteinsgrenzen vorzunehmen. Bei den Leitfossilien wählt man nach Möglichkeit kurzlebige Arten. Kurzlebig heißt hier nicht länger als 3 Millionen Jahre. Leitfossilien ermöglichen einen weltweiten **relativen Vergleich** der Ablagerungen.

Die **Altersangaben** in unserer Tabelle beruhen auf moderneren Methoden der Bestimmung. Diese zu beschreiben wäre an dieser Stelle wohl zu kompliziert. Es sei nur gesagt, daß sie alle auf der Erscheinung des radioaktiven Zerfalls innerhalb bestimmter Zeiträume (Halbwertzeiten) beruhen. Diese Methoden heißen etwa **Kalium-Argon-Methode**, **Uran-Blei-Methode** oder **C-14-Methode**. Diese Arten der Bestimmung liefern den Wissenschaftlern ziemlich genaue, also **absolute** Zahlenangaben zum Alter der einzelnen Formationen.

Erdzeitalter

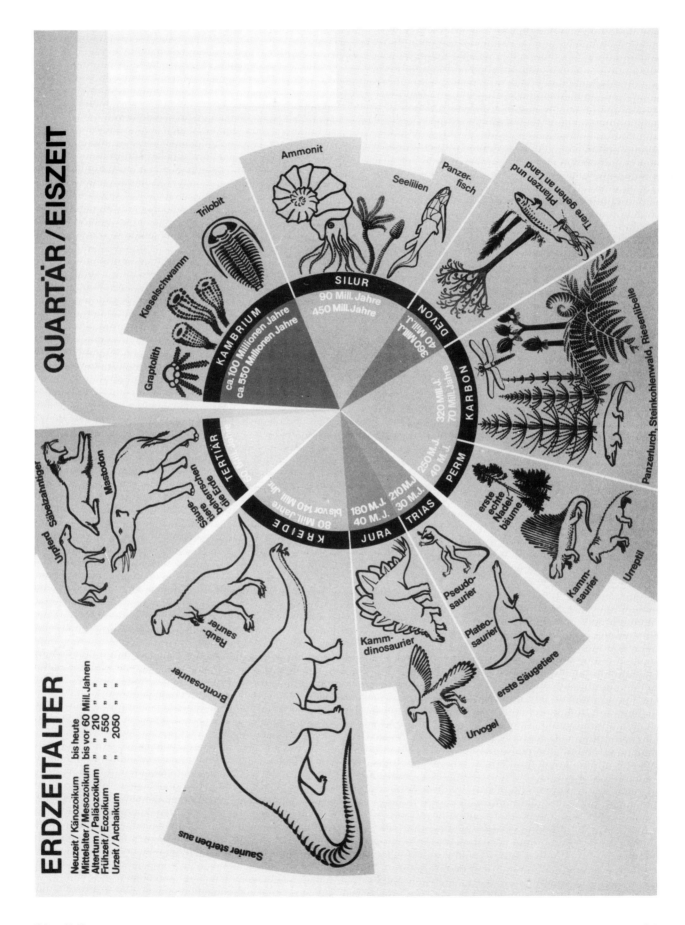

2. Die Erde wird erforscht

Alles, was wir aus der Geschichte der Erde, aus den Zeiten und Abschnitten ihrer Entwicklung wissen, haben Forscher nach vielen Irrtümern mühsam aus ihr herausgelesen. Aber auch die Geschichte der Lebewesen auf diesem Planeten hat die Erde erst nach und nach freigegeben. Unser eigener Ursprung - die Anfänge der Menschheit - wurde im wahrsten Sinne des Wortes aus der Erdkruste herausgekratzt.

Schriftliche oder bildliche Überlieferungen früherer Kulturen liegen nur für einen begrenzten Zeitraum vor, der im gesamtgeschichtlichen Zusammenhang verschwindend klein ist. Das heutige Wissen über die Urzeit stammt aus dem Boden. Vieles davon wurde zufällig entdeckt. Immer mehr geht die heutige Wissenschaft aber dazu über, ganz gezielt mit den verschiedensten Methoden danach zu forschen.

Nun hat auch der berühmte **Heinrich Schliemann**, einer Eingebung folgend, ganz gezielt nach dem sagenumwobenen **Troja** gesucht. Tatsächlich hat er Troja auch gefunden, aber seine Methoden waren und sind umstritten. Man vermutet, daß er in Verfolgung seines Zieles bei den Ausgrabungen nicht sehr zimperlich war und dadurch sehr viel von dem zerstört hat, was um und nach Troja war.

Wer ist sind denn nun eigentlich diejenigen, die dieses „Geschichtsbuch Erde" lesen können? Es sind heute eigentlich immer weniger Abenteurer als ausgebildete Forscher, die zudem in Teams zusammenarbeiten, in denen die verschiedenen Wissenschaften vereint sind. Das hat große Vorteile, weil durch die unterschiedlichen Ansätze und Methoden Irrwege schnell entdeckt werden und gerade auch Datierungen genauer vorgenommen werden können.

Geologie
: Die Geologen beschäftigen sich mit dem Aufbau und der Entwicklung der Erde. Besonders die Untersuchung und Auswertung der Schichtungsverhältnisse (Stratigraphie) liefert Angaben für die zeitliche Abfolge der Geschehnisse. Die Geologie liefert uns den Maßstab für die Zeit der Evolution. Übereinandergeschichtetes Felsgestein und Ablagerungen geben aufgrund der enthaltenen Leitfossilien ein Bild von der Reihenfolge ihrer Entstehung. Neueste Methoden der Bestimmung, die auf der Messung des Verfalls radioaktiver Isotope beruhen, legen über dieses Bild ein enges Zeitraster. Aufgrund vulkanischer Gesteine kann sogar der Erdmagnetismus vergangener Zeiten (bzw. die Umpolung des Erdmagnetfeldes) festgestellt werden, auch ein wichtiger Faktor zur Datierung.

Archäologie
: Die Archäologen sind diejenigen Forscher, die in laienhafter Vorstellung im Boden nach Funden wühlen. Gewiß sind Ausgrabungen und ihre Sicherung ein wesentlicher Bestandteil der Archäologie. Ihr Ziel ist die Erforschung der greifbaren Hinterlassenschaften vergangener Menschheitskulturen. Gleichermaßen wichtig ist aber die exakte wissenschaftliche Einordnung von Funden in die Kulturgeschichte der Menschen. Dazu bedienen sich die Archäologen gerne der von der Geologie vorgegebenen Verfahren zur Datierung. Der Archäologe muß sehr viel Geduld und Fingerspitzengefühl mitbringen, denn oft genug muß er ein riesiges Puzzle von allerkleinsten Fundstücken zusammensetzen, oder es stehen ihm nur einige wenige Teile eines unbekannten Ganzen zur Verfügung. Auch benutzt der archäologische Forscher heute höchst erstaunliche Apparaturen.

Bevor überhaupt an einer Fundstelle auf irgendeine Weise gegraben wird, macht man sich auf andere Art ein Bild. Geophysikalische Untersuchungen sind die Grundlage. Dabei arbeiten Wissenschaftler und Techniker eng zusammen. Drei Methoden haben Erfolg gezeigt:

1. Seismographische Messungen
Dabei wird der Untergrund künstlich erschüttert, z.B. indem man mit einem dicken Vorschlaghammer auf den Boden schlägt. An verschiedenen Meßpunkten werden die Reflexionen der Wellen aufgezeichnet. Bei der Auswertung kann auf die Beschaffenheit des Untergrundes geschlossen werden. Es lassen sich u.a. Hohlräume erkennen.

2. Impulsradar
Diese Untersuchung verläuft ähnlich, nur werden hier elektromagnetische Wellen in den Untergrund abgestrahlt.

3. Magnetische Feldmessungen
Das natürliche Erdmagnetfeld wird auf Störungen hin untersucht. Andersartig magnetisierte Körper können so im Vergleich zur Umgebung festgestellt werden.

Paläontologie

Die Paläontologie ist die Lehre von den Lebewesen der Vergangenheit. Sie beschäftigt sich in erster Linie mit der Auswertung fossiler Funde und nicht - wie die Archäologie - mit den kulturellen Hinterlassenschaften. Die Paläontologen forschen daher naturgemäß in viel weiter zurückliegenden Zeiträumen, haben aber dennoch Berührungspunkte mit den vorhergenannten Wissenschaften. Teilwissenschaften wie die Paläozoologie oder die Paläoanthropologie sind mittlerweile regelrecht populär geworden, liefern sie uns doch ständig neue Erkenntnisse, etwa anhand der riesenhaften Versteinerungen von Saurierskeletten oder der Entdeckungen rund um die Urmenschen.

Anthropologie

Die Anthropologie ist die Wissenschaft, die sich mit dem Menschen beschäftigt, also mit seiner Kultur, seiner Sprache, seiner Kunst, der Gesellschaft usw. Genauer betrachtet befaßt sich die physische oder biologische Anthropologie besonders mit Abstammungslehre, Konstitutionsforschung, aber auch mit der Erforschung fossiler Menschen. Auch die Anthropologen arbeiten eng mit den bereits erwähnten Wissenschaften zusammen. Im weiteren Sinn fällt auch die Völkerkunde in diesen Fachbereich.

Konservierung
Präparation
Restauration
Rekonstruktion

Schließlich gibt es noch eine besondere Art von Wissenschaftlern, die eigentlich eher im Verborgenen arbeitet. Das sind die Konservatoren, Restauratoren und Rekonstrukteure. Sie müssen dafür sorgen, daß all die Funde, die ihnen die anderen Wissenschaften liefern, für immer erhalten bleiben, aufgearbeitet und wiederhergestellt werden. Kostbare Fossilien und Ausgrabungsstücke würden sicher sehr schnell durch heutige Umwelteinflüsse zerstört werden. Große Museen und Sammlungen beschäftigen daher unbedingt diese Fachleute, um den Wert ihrer Ausstellungsobjekte zu erhalten.

Eine besondere Fachrichtung beschäftigt sich damit, originalgetreues Aussehen zu rekonstruieren. Spektakulär wird dies bei der plastischen Darstellung von Menschen anhand von Knochenfunden. Anhand eines Schädels hat man so das Aussehen eines alten Ägypters nachgebildet. Auch die Urmenschen wurden inzwischen „zu neuem Leben" erweckt.

3. Beispiele der Museumsarbeit

a)

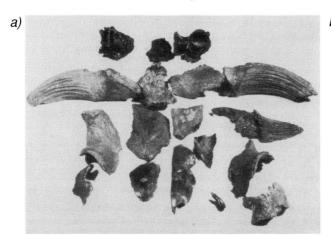

b)

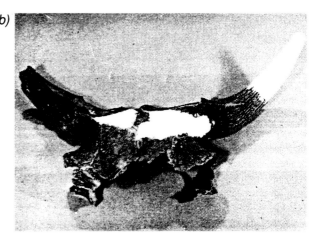

c)

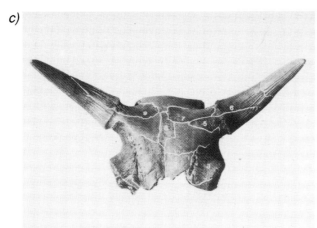

*Ein von einem Bagger zerstörter Wisentschädel wird präpariert (a),
zusammengesetzt (b) und ergänzt (c).*

*Im Museum werden Fundstücke gesammelt und magazinisiert. Sie stehen Wissen-
schaftlern für ihre Untersuchungen zur Verfügung.*

In diesem Schaubild wird deutlich, wie umfänglich und sorgfältig die Bearbeitung von fossilen Fundstücken ist. Von Elchen wurden bis heute in Deutschland erst drei Skelette entdeckt. 1979 wurde dem Museum in Bottrop ein solcher Fund aus Dinslaken gemeldet.

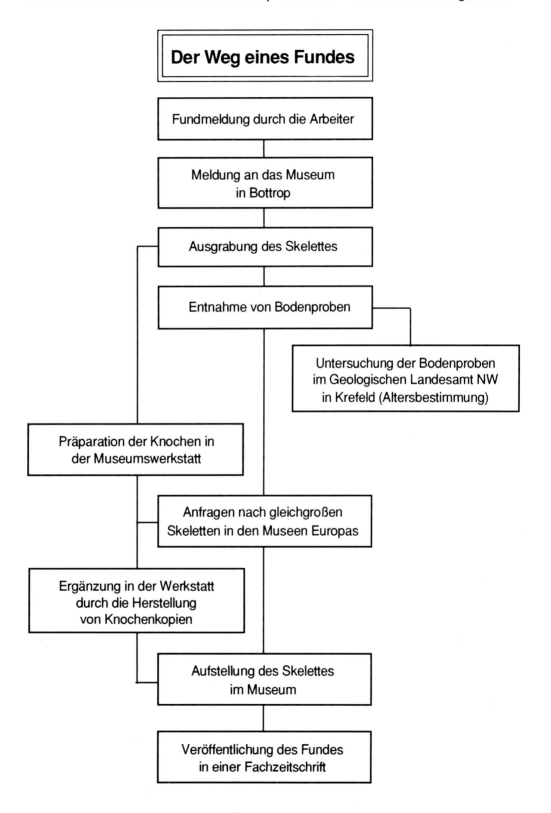

Der Weg eines Fundes am Beispiel eines Elchskeletts, gefunden in Dinslaken, bearbeitet vom Museum für Ur- und Ortsgeschichte in Bottrop.

Als Laie fragt man sich natürlich, warum denn in einem Museum derartig viele Knochen gehortet werden. Sehen doch alle gleich aus. Eben nicht!

Ein Wissenschaftler, der nur einige Knochenfunde zur Verfügung hat, kann kaum allgemeingültige Aussagen machen, zum Beispiel über das Aussehen von urzeitlichen Wildpferden. Es könnte doch sein, daß gerade die ihm vorliegenden Stücke von einem kranken, degenerierten Tier stammen.

Erst wenn sehr viele fossile Knochen miteinander verglichen werden können, läßt sich sagen: So haben Wildpferde damals ausgesehen, so haben sie sich entwickelt, dieses oder jenes war krankhaft an ihnen.

Der Blick in ein Magazin mit Wildpferdeknochen

Wer nun glaubt, der Museumsmensch hocke immer in seinem Keller und zähle die Knochen, der irrt gewaltig. Ein Großteil seiner Arbeit verrichtet er draußen vor Ort an den Fundstellen, wenn es sein muß bei Wind und Wetter. Hier sehen wir, wie Wissenschaftler einen Großammoniten freilegen. Das unten abgebildete Exemplar wäre sicher mit einem geschätzten Durchmesser von 2,60 bis 3,00 m der größte gefundene Ammonit der Welt gewesen, wenn ihn der Bagger nicht vorher erwischt hätte.

Ein Großammonit wird in der Ziegelei Bremer, Bottrop, freigelegt (Bildmitte: Arno Heinrich, ehem. Direktor des Bottroper Museums).

Bruchstück des größten, 1971 gefundenen Ammoniten aus der Ziegelei.

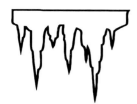

1. Das Eis kommt

Kaltzeiten
Warmzeiten

Daß es einmal vor langer Zeit auf unserem Planeten sehr kalt gewesen ist, weiß jedes Grundschulkind. Wir sprechen heute von dieser Zeit als der „Eiszeit", obwohl es so eindeutig damit gar nicht war.

Die Eiszeit war nämlich keineswegs ein zusammenhängender Zeitraum großer Kälte. Es hat mehrere solcher Eisschübe gegeben. Dazwischen aber gab es ebenso ausgedehnte „Zwischeneiszeiten", die in Wahrheit regelrechte **Warmzeiten** waren. Um ganz genau zu sein, es war zum Teil so warm in unseren Breiten, daß es bei uns wie in Afrika aussah und im Rhein die Nilpferde planschten. Unglaublich, nicht wahr?

Es ist erwiesen, daß es in der langen Geschichte unserer Erde vorher schon Eiszeiten gab. Vielleicht sind deswegen die Dinosaurier ausgestorben. Wir sprechen also bei „unserer Eiszeit" nur von einem Zeitraum, den wir überschauen und gut nachweisen können. Andererseits kann aber auch kein Forscher sagen, ob wir heute nicht immer noch in der Eiszeit bzw. in einer Zwischeneiszeit sind. Immerhin gibt es in nördlichen Breiten den niemals auftauenden **Dauerfrostboden**. Zudem haben Umweltfaktoren den natürlichen Ablauf sicher sehr durcheinander gebracht.

Es gab insgesamt viermal den Wechsel von kalt nach warm. Die jeweiligen Eisvorstöße hat man nach Flüssen benannt, die das Eis nachweislich erreichte. Dabei unterscheidet man zwischen einer süddeutschen und einer norddeutschen Vereisung:

süddeutsch		norddeutsch
Würm	entspricht	Weichsel
Riß	entspricht	Saale
Mindel	entspricht	Elster
Günz		nicht nachgewiesen

Gletscher
entstehen

Vor 1 Million Jahren, so glaubte man bisher, hat die erste Vereisung mit ihren merklichen klimatischen Veränderungen eingesetzt. Mittlerweile aber sind sich die Forscher einig: Es hat eine Vorlaufzeit von 2 Millionen Jahren gegeben. Auch die Übergänge zwischen den Kalt- und Warmzeiten sollen schneller als bisher angenommen stattgefunden haben. Dies jedenfalls haben Bohrproben des Jahrmillionen alten Festlandeises auf Grönland ergeben. Die Periode der letzten Vereisung endete vor 10 000 Jahren.

Es war nicht so, daß es während der Eiszeit gnadenlos kalt war. Vielmehr waren die Sommer kurz bei geringer Sonneneinwirkung. Die Landschaft war karg, ohne Wälder, eine Tundra, wie man sie heute auf Spitzbergen und in den nördlichen Gebieten Eurasiens findet. Der Schnee des vorhergehenden Winters taute jeweils nicht richtig ab und blieb liegen. Starke Schneefälle in Skandinavien und in den Alpen und das Fehlen der Schneeschmelze ließen die Schneemassen enorm wachsen, die unter ihrem eigenen Druck zunehmend vereisten und vergletscherten. Je dicker das Eis wurde, um so beweglicher wurde es merkwürdigerweise. Der Druck, den die 3000 Meter dicke Eisdecke über Skandinavien erzeugte, war so groß, daß die Gletscher sich in Bewegung setzten, immer weiter in die Täler vordrangen und schließlich als **Inlandeis** die Ebenen Norddeutschlands bedeckten. Insgesamt lag die Jahresdurchschnittstemperatur in den Vereisungsperioden 8-10 °C unter der heutigen.

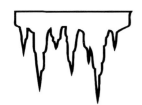

Grundmoränen
Endmoränen

Pro Jahr schoben sich die Gletscher etwa 50 m nach Süden vor. Eine 1 bis 3 km hohe Inlandeisschicht bedeckte Europa auf einer Fläche von 6 bis 7 Millionen Quadratkilometern. Diese riesigen Eismassen wirkten wie ein gewaltiger Hobel. Die norddeutsche Ebene hobelten sie flach und hinterließen den Schutt als **Grundmoränen**. Gleichzeitig schoben sie große Erdwälle, die **Endmoränen**, vor sich her.

Geschiebe
Findlinge

Solche Überreste, das sogenannte **Geschiebe**, können wir heute als Nachweis des Eisvordringens verwenden. So findet man in Norddeutschland enorme Gesteinsblöcke, sogenannte **Findlinge**, die ursprünglich in Skandinavien zu Hause waren. Durch die Gletscherbewegungen wurden sie zu einer unfreiwilligen Reise über eine Entfernung von bis zu 1700 Kilometern gezwungen. Ganz nebenbei hat das hobelnde Eis natürlich auch all das zerstört, was Steinzeitmenschen eventuell in diesen Bereichen während der Warmzeiten hinterlassen haben.

Ursachen

Warum es zur Eiszeit kam, kann niemand genau sagen, aber es gibt verschiedene Theorien darüber:

- Ein Komet könnte die Erde getroffen haben. Durch den gewaltigen Aufprall kam es zu einer Umweltkatastrophe.

- Vulkanausbrüche könnten mit ihrer Asche die Sonne verdunkelt haben.

- Veränderungen in der Erdbahn oder der Stellung der Erdachse bewirkten, daß der Einfallswinkel der Sonne sich änderte.

- Durch erhöhten Kohlendioxydgehalt in der Erdatmosphäre entstand das Gegenteil des heute viel diskutierten Treibhauseffektes, der Glashauseffekt.

- Veränderungen durch Meeresströmungen oder Gebirgsbildungen brachten den Wärmehaushalt des Erdmantels durcheinander.

Größte Ausdehnung des Inlandeises in Europa während der Eiszeit

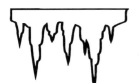

Kopiervorlage für OH-Projektion

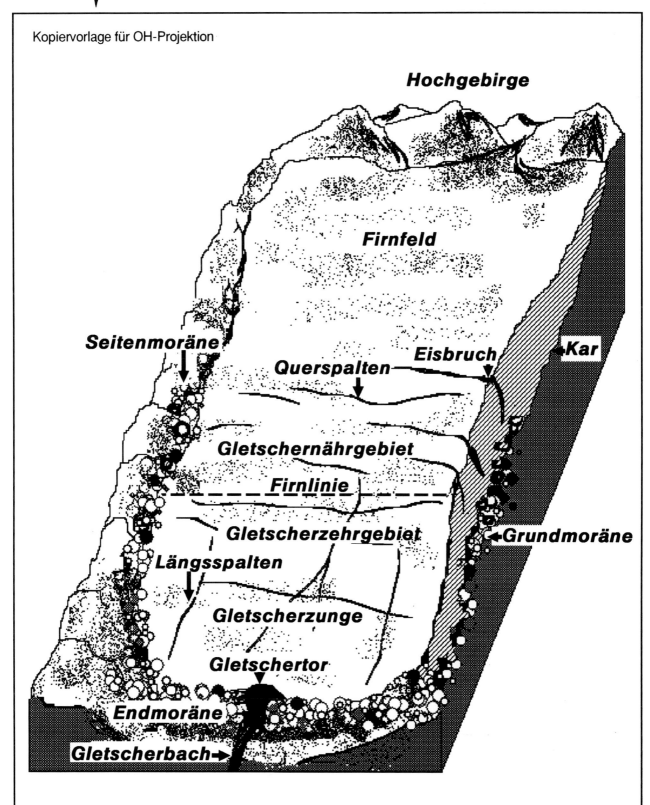

Hochgebirge

Firnfeld

Seitenmoräne

Querspalten

Eisbruch

Kar

Gletschernährgebiet

Firnlinie

Gletscherzehrgebiet

Grundmoräne

Längsspalten

Gletscherzunge

Gletschertor

Endmoräne

Gletscherbach→

Der Aufbau eines Gletschers

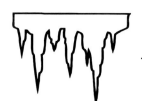

Zeittafel

Jahre vor Zeitrechnung			
1 200	**Nacheiszeit**	Bronzezeit	**Späte Wärmezeit**
2 000			
3 000		Jungsteinzeit	**Mittlere Wärmezeit**
4 000			
5 000		Mittelsteinzeit	
6 000			**Frühe Wärmezeit**
7 000			**Vorwärmzeit**
8 000	**Eiszeitalter**	Jüngere Altsteinzeit	**Würm-Eiszeit**
40 000			
80 000		Mittlere Altsteinzeit	**Warmzeit**
120 000			**Riss-Eiszeit**
200 000		Ältere Altsteinzeit	**Warmzeit**
400 000			**Mindel-Eiszeit**
500 000			**Warmzeit**
			Günz-Eiszeit
1 Million			**Ältere Warm- und Kaltzeiten**

Zeittafel stark vereinfacht, regionale Abweichungen möglich

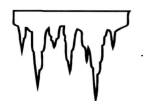

2. Die Entwicklung der Pflanzenwelt

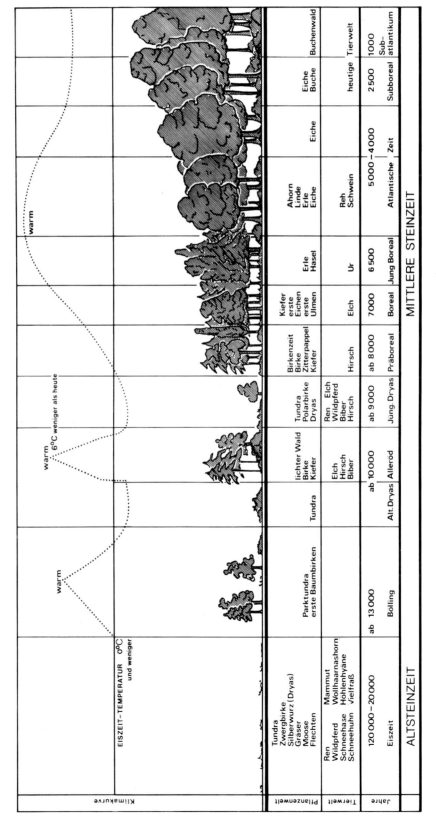

Anhand von Bodenproben wurde der Zusammenhang zwischen den klimatischen Veränderungen der Eis- und Nacheiszeit und den jeweils vorherrschenden Pflanzenarten nachgewiesen.

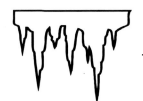

3. Die Tiere der Eiszeit

Anpassung

Die klimatischen Veränderungen der Kalt- und Warmzeiten wirkten sich natürlich auf die Pflanzen- und Tierwelt aus. **Die Tiere** der Eiszeit gab es also gar nicht. Es lebten jeweils Tiere, die sich den Umweltbedingungen anpassen konnten. In den Zeiten und Gebieten der tatsächlichen Vereisung lebten daher Tiere, wie wir sie heute auch in den nördlichen Breiten und polaren Zonen finden. Andererseits unterschieden sich die Tiere und Pflanzen bei uns - wie wir bereits erwähnt haben - in den Warmzeiten gründlich von denen, die wir gewohnt sind.

Die umfassende Vereisung in den Hochgebirgen trieb ihre Bewohner in andere Gebiete, so daß man zum Beispiel im Ruhrgebiet Überreste von Gemsen und Steinböcken finden konnte.

Viele urzeitliche Tiere haben die Zeit überdauert, andere sind ausgestorben. Die Gründe dafür sind vielfach unklar, die Vermutung liegt nahe, daß mit der stetigen Entwicklung des Menschen auch ihre Bedrohung und die ihres Lebensraumes wuchs.

Mit der Vereisung wanderten kälteliebende Tiere ein. Sie konnten sich in der Nähe des Inlandeises aufhalten. **Mammut, Wollhaarnashorn, Moschusochse, Elch** und **Rentier** konnten nachgewiesen werden. In einiger Entfernung vom Eis lebten **Höhlenbär, Höhlenlöwe, Wildpferd** und **Riesenhirsch**.

Über das Aussehen und die Lebensweise auch der ausgestorbenen Urtiere können sichere Aussagen gemacht werden, weil erstaunliche Funde zur Verfügung stehen.

Fundstellen

Nun findet man die Überreste dieser Tiere nicht überall, es müssen schon bestimmte Bedingungen erfüllt sein, damit Teile oder gar ganze Individuen erhalten bleiben. Hauptsächlich wurden Funde gemacht in **Mooren, Flußablagerungen, Höhlenablagerungen, Dauerfrostböden** und **Erdwachsschichten**.

Normalerweise zersetzen sich die Gewebeteile der Tiere, so daß hauptsächlich Knochen, Geweihe und Hörner gefunden werden. Nur in den genannten Dauerfrostböden und Erdwachsschichten wurden bisher komplette Tiere gefunden. Logischerweise stammen die meisten Exemplare aus den vereisten Böden Sibiriens. Erdwachsschichten (bestehend aus mit Salzwasser und Erdöl versetztem Boden) konservieren die Kadaver ebenfalls sehr gut.

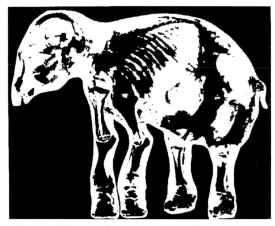

Dieses Mammutbaby wurde in Sibirien gefunden. Es hat vor 40 000 Jahren gelebt, ist 115 cm lang, 104 cm hoch und war 7 - 8 Monate alt (rechts eine Röntgenaufnahme).

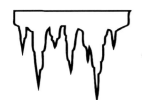

Die Tiere des jüngeren Eiszeitalters (180 000 - 12 000 Jahre)

Wolf Eisbär Panther Höhlenbär Höhlenlöwe

Eisfuchs Rotfuchs Dachs Vielfraß Rotwolf Fischotter Wolf

Luchs

Wildkatze Riesenhirsch Elch Steppenwisent

Höhlenhyäne Reh Damhirsch Wildschwein Wildpferd

Gemse Rentier Wildesel Steinbock Saiga-Antilope

Rothirsch Moschusochse Wollhaarnashorn Mammut

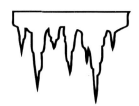

Das Mammut

Das Mammut ist von allen vorgeschichtlichen Tieren sicher das aufregendste. Aber es ist auch das am besten erforschte. Durch die Funde im Dauerfrostboden und die modernen Untersuchungsmethoden weiß man einiges über seine Lebensweise, seine Ernährung, über sein Wachstum und sein Alter. Die Forscher können sogar erkennen, ob ein Tier Zahnweh oder Rheuma hatte.

Größe Die Größe der Mammute wird immer überschätzt. Mit durchschnittlichen 2,40 bis 3,50 m Körperhöhe bleiben sie im Rahmen der heutigen Elefanten. Sie hatten ein Gewicht von 80 bis 120 Zentnern und fraßen 3 bis 5 Zentner pflanzliche Nahrung am Tag.

Kälteschutz Das Mammut hatte ein außerordentlich dichtes, langhaariges Fell und war dadurch gut gegen die extreme Kälte geschützt. Ohren und Schwanz waren sehr klein und konnten nicht erfrieren.

Die gewaltigen Stoßzähne, die ständig nachwuchsen, waren nicht nur Abwehrwaffen gegen Angreifer, sondern dienten auch als Schneeschieber, um an die Futterpflanzen zu gelangen. Das kann man an den Abnutzungen an der Unterseite der Stoßzähne erkennen.

Mammute beim „Schneeschaufeln"

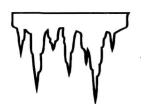

Der Stammbaum der Rüsseltiere

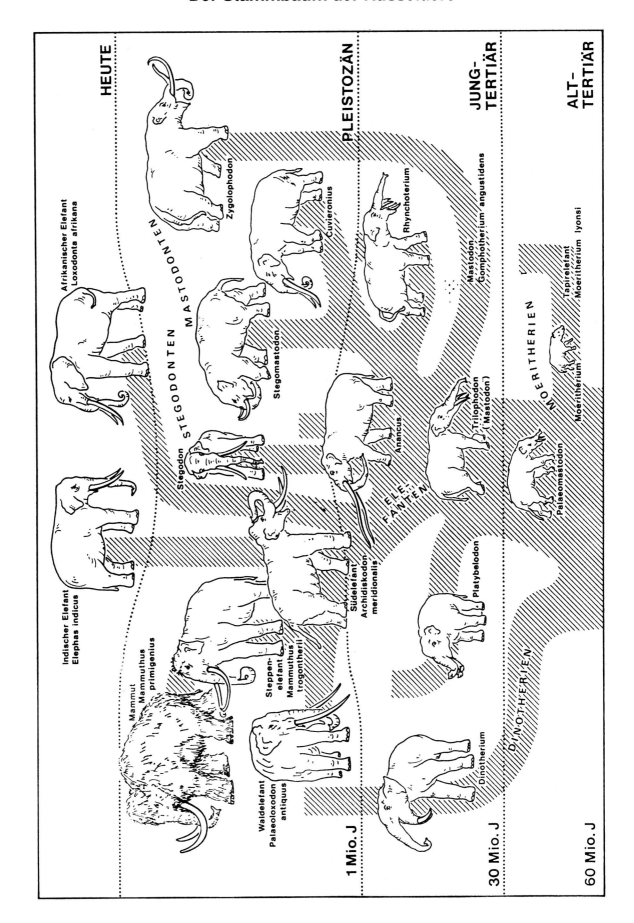

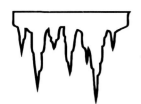

Wie der Stammbaum der Rüsseltiere zeigt, gab es eine Vielfalt von ihnen.
Das Mammut gehört dazu, ist sozusagen ein stark behaarter Elefant.

Zähne Besonders die Zähne der Mammute haben es den Forschern angetan. Vielleicht, weil man so viele davon gefunden hat. So hat das Bottroper Museum zum Beispiel allein 200 Backenzähne von Mammuten in seinem Besitz, die alle aus dem Bottroper Emschertal stammen.

Elefantenzähne entwickeln sich anders als bei anderen Säugetieren. Der neue Zahn baut sich im hinteren Teil des Kiefers auf und schiebt sich dann nach vorne, während der alte Zahn nach und nach in Einzelteilen abgestoßen wird.

Mammute wechselten im Laufe ihres Lebens sechsmal die Zähne. Der sechste Satz konnte nicht mehr ersetzt werden. War er abgenutzt, so mußte das Tier sterben. 50 bis 60 Jahre - schätzt man - wurden Mammute alt, wie unsere Elefanten.

Was sagen uns nun heute die Mammutzähne?

- An der Lamellenzahl kann das Alter der Tiere abgelesen werden.

- Krankheiten können verfolgt werden. Sogar Karies gab es damals schon bei diesen Tieren.

- Die Art der Nahrung kann an der Abnutzung der Zähne abgelesen werden, etwa, ob das Mammut viel Gras oder viele Sträucher vertilgt hat.

1. Zahn (Milchzahn)
natürliche Größe

3. Zahn
natürliche Größe

6. Zahn
1/2 natürlicher Größe

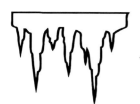

Es wurde schon erwähnt, daß im sibirischen Dauerfrostboden unverweste Mammutleichen gefunden wurden, die Aufschluß gaben über Aussehen, Größe und - aufgrund des auch vorhandenen Mageninhalts - die Ernährungsgewohnheiten der Tiere. Sommers fraßen sie Gräser und Kräuter der Steppen und Tundren, winters bestand die Nahrung aus Sträuchern, Flechten und Moosen der Wälder, in die sie sich zurückzogen.

In unseren Breiten hat man nur Skelette von Mammuten gefunden. Da diese selten vollständig waren, mußte man sie für Museumszwecke rekonstruieren. Im Bottroper Museum für Ur- und Ortsgeschichte hat man ein Mammutskelett aus den Knochen einer Fundstelle zusammengesetzt, an der die Überreste von 22 Mammuten gefunden wurden. Das so rekonstruierte Skelett ist 5,60 m lang und hat eine Höhe von 3,35 m. Das Foto zeigt gut die Größenverhältnisse im Vergleich zu den Besuchern der Ausstellung. Im Verhältnis zur Größe der Tiere war das Gehirn der Mammute relativ klein, auch im Vergleich zu anderen Tieren.

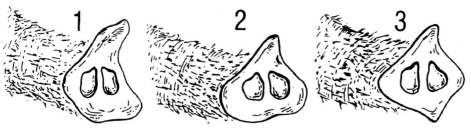

Der kleine Unterschied:
Rüsselende

1. Mammut

2. Indischer Elefant

3. Afrikanischer Elefant

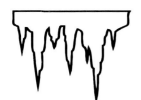

Das Wollhaarnashorn

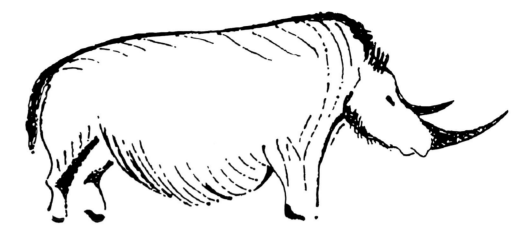

So sahen unsere Vorfahren das Wollhaarnashorn.

Anpassung

Ähnlich interessant wie das Mammut erscheint uns heute das Wollhaarnashorn, weil es auch ausgestorben ist. Dieses Nashorn ist ein typischer Vertreter der Eiszeit, angepaßt an das rauhe Leben der Kälteperioden. Eine dichte, rotbraune Behaarung und ein Fettpolster im Nacken machten ihm das Leben in der Kaltsteppe möglich.

Größe

Das Wollhaarnashorn war etwa 3 m lang bei einer Höhe von 1,60 m. Es hatte zwei Hörner, davon wurde das vordere 1 m lang. Auch von diesem Tier blieben gute Exemplare im Dauerfrostboden erhalten.

Mit dem Ende der letzten Vereisung starb das Wollhaarnashorn aus.

Skelett des Wollhaarnashorns

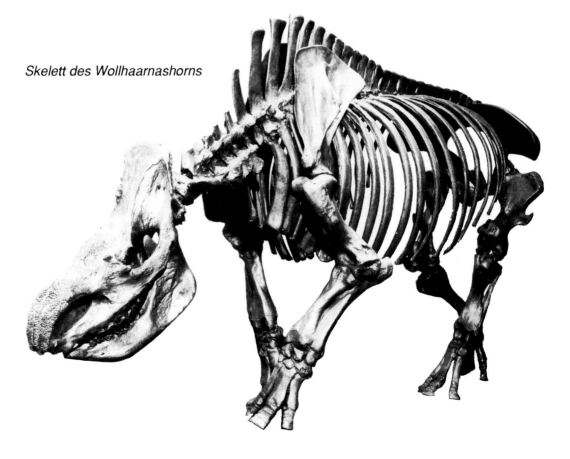

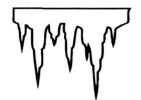

Andere Pflanzenfresser

Wisent   Nicht alle Tiere der Eiszeit sind ausgestorben. Einige Arten leben noch frei, andere wiederum konnten nur durch Haltung und Züchtung in Zoos überleben. Dazu gehört zum Beispiel der **Waldwisent**, während der **Steppenwisent** ausstarb.

Pferd   **Pferde**, wie wir sie heute kennen, haben eine lange Entwicklungsgeschichte hinter sich und waren vor Jahrmillionen verblüffend klein. Auch hatten sie früher Zehen, die Hufe bildeten sich erst als Folge ihrer Anpassung an den Steppenboden heraus.

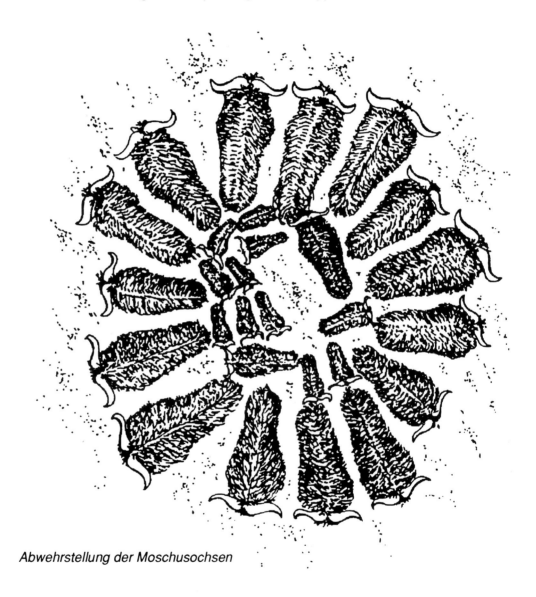

Abwehrstellung der Moschusochsen

Moschusochsen   **Moschusochsen** gibt es heute noch auf Grönland und in Alaska. Sie sind der Kälte bestens angepaßt und sehr anspruchslos. In der Eiszeit gab es sie bis zu den Pyrenäen. Moschusochsen sind verwandt mit Rindern und Schafen. Interessant ist die Art und Weise, wie sich eine Moschusochsenherde gegen äußere Feinde wehrt. Sie bildet eine Art „Wagenburg" und nimmt ihre Jungtiere in die Mitte. Welcher Angreifer möchte schon diesen drohenden Horngebirgen zu nahe kommen?

Schließlich gab es in der Eiszeit noch **Hirsche** und **Elche**, **Antilopen** und „Bocktiere" aller Art.

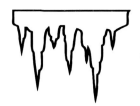

Raubtiere

Natürlich gab es in der Eiszeit - wie heute - nicht nur friedliche **Pflanzenfresser**, sondern auch gefährliche **Raubtiere**. Das Wort „gefährlich" ist allerdings ein Begriff, der aus der menschlichen Sichtweise stammt. Die Natur unterscheidet nicht nach harmlos und gefährlich, sondern nach dem Nutzen, den ein Wesen dem Gesamtsystem bringt.

Maßstab Natur Den Raubtieren kommt dreierlei Bedeutung im natürlichen Kreislauf zu. Erstens sorgen sie dafür, daß keine Überbevölkerung unter den einzelnen Tierarten entsteht. Zweitens betreiben sie die Auslese. Alte, kranke und schwache Tiere fallen den Raubtieren zuerst zum Opfer. Für uns Menschen sind das bedauernswerte Geschöpfe, für die Natur sind sie hinderlich bei der Erhaltung und Vermehrung gesunder, widerstandsfähiger Arten. Drittens schließlich sind Raubtiere die Gesundheitspolizisten der Natur. Sie fressen das Aas und verhindern so, daß sich Krankheiten oder gar Seuchen ausbreiten.

Werkzeuge Die Natur hat die Tiere entsprechend ihrer Bestimmung ausgestattet. An den Gebißformen kann man diese Bestimmung ablesen. Was dem Menschen sein **Werkzeug** ist, das ist den Tieren ihr **Gebiß**. Ein Pflanzenfresser muß also ganz anders mit Zähnen bestückt sein als ein Fleischfresser, ein Nager anders als ein Allesfresser. Das Schaubild zeigt deutlich die Unterschiede und den Vergleich mit den entsprechenden menschlichen Fähigkeiten.

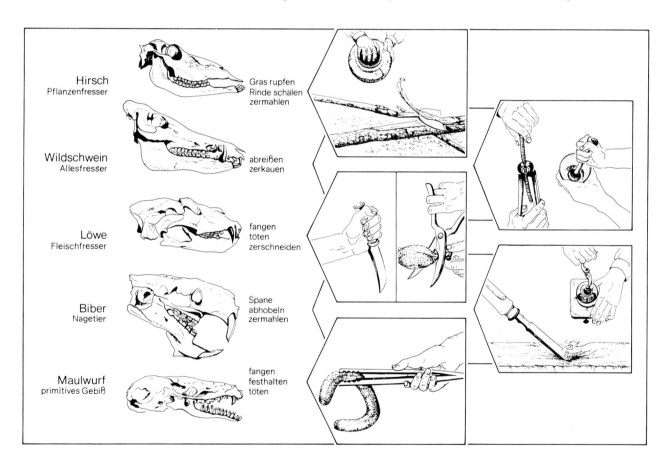

Viele der eiszeitlichen Raubtiere - **Luchs**, **Dachs**, **Vielfraß**, **Wildkatze**, **Fuchs**, **Wolf**, **Marder** - sind uns bis heute erhalten geblieben, obwohl sie manchmal wie der Luchs auch stark vom Aussterben bedroht sind. **Höhlenlöwen** und **Höhlenbären** haben die Eiszeit nicht überdauert.

Raubtiere in unseren Breiten haben sich immer gern in Höhlen zurückgezogen. Entsprechend hat man dort auch sehr schöne Funde gemacht.

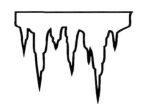

Der Höhlenlöwe

Überreste von Höhlenlöwen wurden am häufigsten gefunden. Zunächst wußte man nicht, ob es sich um Löwe oder Tiger handelte. Erst am Gebiß entschied sich die Frage.

Ein Riese

Der Höhlenlöwe war etwa ein Drittel größer als ein heutiger Löwe. Er war in Gebieten mit Höhlen genauso verbreitet wie in Gebieten ohne. Seine Größe ergibt sich aus einer Gesetzmäßigkeit, nach der Säugetiere der gleichen Art zu den Kältegebieten hin größer werden, weil größere Körper eine verhältnismäßig kleinere wärmeabstrahlende Oberfläche haben als kleine.

Im Museum für Ur- und Ortsgeschichte in Bottrop hat man die Umrisse der Tierköpfe nach den gefundenen Kieferresten gestaltet.

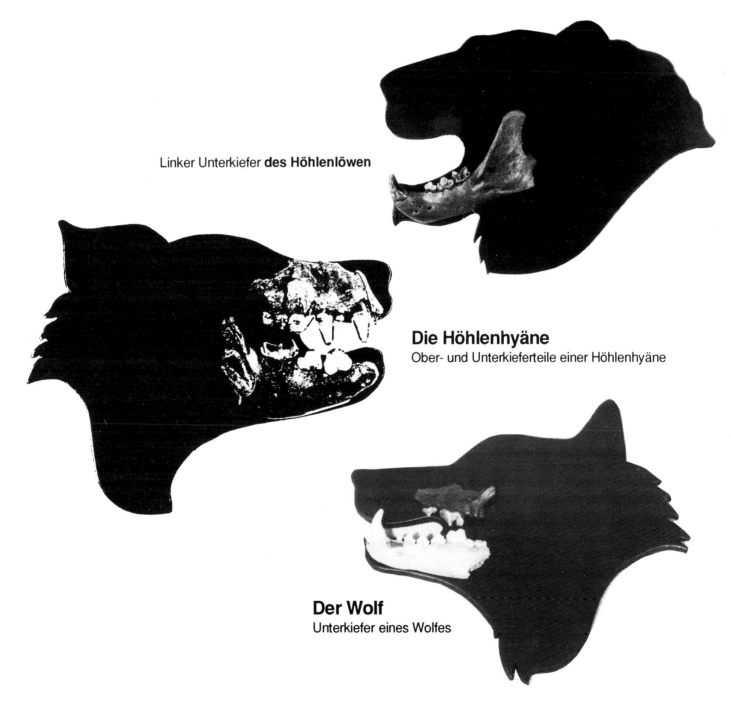

Linker Unterkiefer **des Höhlenlöwen**

Die Höhlenhyäne
Ober- und Unterkieferteile einer Höhlenhyäne

Der Wolf
Unterkiefer eines Wolfes

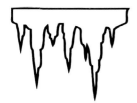

Der Höhlenbär

Stückwerk Auch der Höhlenbär lebte keineswegs - wie der Name scheinbar sagt - ausschließlich in Höhlen. Er war in ganz Europa zuhause. Und auch er war ein Drittel größer als unser Braunbär. Wenn man Höhlenbärenskelette in Museen sieht, so sind diese fast immer aus mehreren Einzelfunden zusammengesetzt. Es wurden nur äußerst selten vollständige Skelette gefunden, weil eiszeitliche Aasfresser den Forschern nur Reste übrig ließen.

Der Höhlenbär war überwiegend ein Pflanzenfresser, hatte aber ein Allesfressergebiß, so daß er auch auf tierische Nahrung ausweichen konnte.

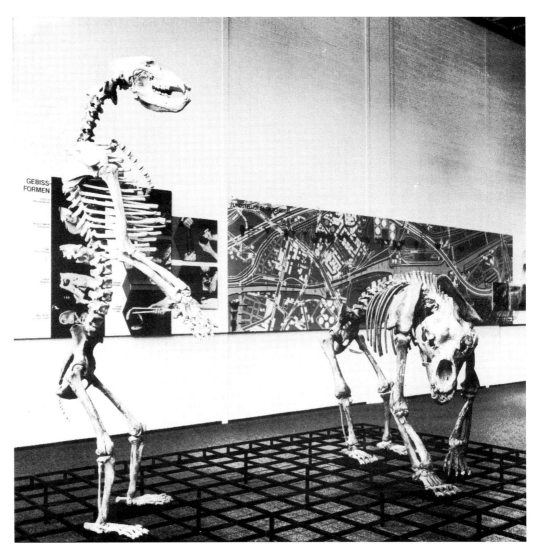

Höhlenbärenskelette aus dem Bottroper Museum

1. Woher kommt der Mensch?

Geschichtslose Wesen?

Wir heutigen Menschen leben eigentlich - wie man so schön sagt - im „Hier und Jetzt". Über unsere Geschichte denken wir allenfalls in der Schule nach und haben daraus offenbar auch nicht allzuviel gelernt. Kriegerische Auseinandersetzungen in aller Welt beweisen das täglich. Unsere Zukunft scheint uns ebenfalls nicht besonders zu bekümmern, sonst würden wir mit unserem Lebensraum Erde anders umgehen. Vergangenes interessiert uns erst dann, wenn für unsere medienorientierte Gesellschaft eine Sensation herausspringt. Hunderttausende sahen spektakuläre Ausstellungen über Tut-ench-Amun, die chinesische Reiterarmee oder die Dinosaurier. Da überrollt uns die Geschichte wie ein Hollywood-Film, handlich und in Portionen verabreicht. Auch ein Bronzezeit-Mann, der plötzlich aus dem Gletschereis auftaucht, kann uns noch locken. Doch mit uns selbst hat das alles wenig zu tun. Oder doch?

Mir jedenfalls geht es so, daß der Blick auf eine dreitausendjährige Mumie Fragen aufwirft, die sich mir anders vielleicht nicht gestellt hätten. Was ist der Mensch, woher kommt er? Was ist Leben, was Vergänglichkeit? Welche Bedeutung hat die Dimension Zeit dafür?

Religion gegen Naturwissenschaft

Für die Religion lösen sich derlei Probleme einfach. Zeiträume haben im wahrsten Sinne des Wortes biblische Ausmaße. Die Vergangenheit des Menschen läßt sich anhand der Bibel, nimmt man sie wörtlich, fast minutiös bis zum Schöpfungstag zurückverfolgen, der etwa im Jahre 4006 vor unserer Zeitrechnung gewesen sein mag. Der Mensch lief sozusagen von Null zu seiner heutigen Form auf.

Dagegen steht die moderne Naturwissenschaft. Sie forscht und denkt in ganz anderen Zeiträumen. Und sie ist fern von religiösen Fragen, wenngleich der Glaube - besser: das Wunschdenken - doch mitunter manchem Forscher den rechten Blick verstellt. Wissenschaftliches Arbeiten erfordert zwar durchaus das Aufstellen von Annahmen und Theorien, aber diese werden - so sie sich nicht verifizieren lassen - durch neue, schlüssigere ersetzt. Ein solches Verfahren macht den wissenschaftlichen Fortschritt erst möglich, weil es niemals stagniert und niemals Absolutheitsanspruch erhebt.

Charles Darwin

Entscheidenden Anteil am Wandel des wissenschaftlichen Denkens, das bis Mitte des 19. Jahrhunderts noch von eher kirchlichen Fixierungen geprägt war, hatte der Naturforscher **Charles Darwin** (1809-1882). Jahrelang war er durch die Welt gereist, forschte unter anderem in Südamerika, auf den Galapagos-Inseln und in Australien. Während seiner Reisen machte er Aufzeichnungen über das Verhalten von Tieren derselben Art und ihre Unterscheidung voneinander durch die enge Einwirkung ihres Lebensraumes auf ihre Fortentwicklung. Im Jahre 1859 erschien sein Buch **„Vom Ursprung der Arten"**, das großes Aufsehen und erbitterten Widerspruch erregte. Er stellte darin die Theorie auf, daß unter den Lebewesen eine natürliche Auslese stattfindet (Selektionstheorie). Tiere mit besonders stark ausgeprägten Eigenschaften setzen sich beim Kampf ums Dasein innerhalb ihrer Art durch, es findet eine natürliche Zuchtwahl statt. Darwin war damit der erste, der die ständige Veränderung der Arten und das Fortschreiten der Evolution annahm. Ganz nebenbei erwähnte er, daß auch die Anfänge der Menschheit durch seine Theorie anders als bisher gesehen werden könnten. Nun aber war der Mensch genau den Gesetzen der Evolution unterworfen, die für jeden Käfer und jede Made galten.

Verdrehungen

Seine Kritiker - und das waren zu jener Zeit erstaunlicherweise nicht in erster Linie Repräsentanten der Kirche, sondern seine Forscherkollegen - setzten dies in eine grobe Vereinfachung um, indem sie ihm den Satz „Der Mensch stammt vom Affen ab" unterschoben.

Und auch spätere Rassenfanatiker wie die Nationalsozialisten bedienten sich gern der Verdrehung der Darwinschen Lehre, indem sie sich selbst als „starke Rasse" und die Juden als „niedere Rasse" einstuften und damit eines der schändlichsten Verbrechen der Menschheit einleiteten. Das aber hat mit Darwin nichts zu tun.

Krone der Schöpfung?

Heute muß man sagen, daß Darwin das Wesen der Evolution erkannt hat. Auslese und Spezialisierung sind überall in der Natur zu beobachten. Auch die von **Mendel** später aufgestellte **Vererbungslehre** unterstützt die Darwinschen Thesen nachhaltig. Im Jahre 1871 erschien Darwins Werk „**Die Abstammung des Menschen**". Darin beschrieb er - das zeigen neueste Forschungsergebnisse - den evolutionären Wandel vom Menschenaffen zum Menschen doch allzu gradlinig, den Menschen von Anbeginn seines Seins vom tierischen Ursprung abhebend. Das „Menschliche an sich" aber ist das Ergebnis allerkleinster Entwicklungsschritte und läßt sich weder räumlich noch zeitlich genau lokalisieren. Der amerikanische Paläontologe **Stephen Jay Gould** möchte sogar die vertrauten Vorstellungen von einer aufwärts strebenden und im Menschen gipfelnden Lebensentwicklung über Bord werfen. Für ihn ist die Evolution vom Zufall gesteuert, Sprünge eingeschlossen. Das Abenteuer Leben gleicht einem Spiel mit 1024 Würfeln mit dem wenig wahrscheinlichen Ergebnis Mensch. Viele Arten haben, so Gould, durch plötzliche Ereignisse gar nicht erst ihre Chance erhalten, sich entwickeln zu können. Damit wäre aber auch Darwins These der fortwährenden Evolution durch Auslese überholt.

Immerhin ist es aber vorbei mit dem menschlichen Anspruch, „Krone der Schöpfung" zu sein. Der Mensch ist ein Produkt der Natur und das Ergebnis eines Vorganges, der vor Jahrmilliarden die richtigen Aminosäuren in der richtigen Zusammensetzung zum Phänomen „Leben" zusammenführte. Wenn man so will, ist dies der eigentliche Schöpfungsvorgang. Möglicherweise ein Ereignis, das im gesamten Kosmos einmalig ist, weil es nur so und nur unter den gerade hier auf der Erde herrschenden Bedingungen stattfinden konnte. Möglicherweise aber ein Ereignis, das sich milliardenfach in fernen Galaxien wiederholt hat oder noch wiederholt. Vielleicht machen diese beiden Möglichkeiten das große Geheimnis des Menschseins aus, das wir niemals ergründen können.

Ganz klar ist, daß wir Menschen den gleichen Evolutionsprozessen und -mechanismen unterworfen sind wie alle Pflanzen und Tiere unseres Planeten. Aber es scheint ungleich schwieriger, ins Dunkel unserer eigenen Vergangenheit hinabzutauchen als in die anderer Spezies. Liegt es daran, daß wir uns selbst gegenüber nicht objektiv genug sind und in all unseren forschenden Gedanken sogleich auch Wertungen und Wünsche mitschwingen? Zu oft hat sich in der Paläoanthropologie der letzten 50 Jahre herausgestellt, daß das Bild, das man gerne von der Abstammung des Menschen gehabt hätte, sich sehr schnell verflüchtigte, weil es sich durch neuere archäologische Funde nicht aufrechterhalten ließ.

The Missing Link

Eindeutig ist: Der Mensch stammt nicht in direkter Linie vom Affen ab. Aber die Affen sind unsere Vettern, wobei uns die Menschenaffen noch ein wenig näher stehen. Mensch und Affe haben einen gemeinsamen Vorfahren, der noch im Dunkel der Urgeschichte verborgen ist, dessen Umrisse sich aber schon im Licht neuerer Forschung ein klein wenig abzeichnen. Wie sehr die Entwicklungslinien der beiden Arten einander ähneln, wird in den nächsten Kapiteln noch anschaulich werden. Deutlich jedoch muß darauf hingewiesen werden, daß trotz aller Erkenntnisse das Wissen um den Ursprung der Menschheit immer noch recht bruchstückhaft ist und überwiegend aus einem - zwar wohlbegründeten, aber theoretischen - Gedankengebäude besteht. Zu entdecken wäre immer noch „The Missing Link", das fehlende Bindeglied. Schon morgen kann ein neuer Fund die Paläoanthropologen zu völlig neuen Aussagen zwingen. Es wäre nicht das erste Mal.

2. Fachchinesisch

Die nachfolgenden Begriffe werden in den folgenden Texten unvermeidlich sein. Sie tauchen ebenso in der Schautafel der Primatenentwicklung auf. Wenn man sich erst an die Systematik gewöhnt hat, ist es gar nicht so schwer, damit umzugehen.

AEGYPTOPITHECUS - Affe aus Ägypten; lebte vor ca. 30 Mill. Jahren; wird als Vorläufer der →Hominoiden angesehen, weil er Skelett- und Gebißmerkmale aufweist, die auf spätere Arten hinweisen

AFFEN - gehören zur Säugetierordnung der →Primaten; zahlreiche Unterordnungen; grobe Unterscheidung in Halbaffen (Lemuren, Makis, Buschbabies), Neuweltaffen (Affen Südamerikas: Breitnasenaffen, Brüllaffen, Kapuzineraffen) und →Altweltaffen (Affen Afrikas und Asiens: Schmalnasenaffen, Meerkatzen, Paviane, Menschenaffen)

ALTWELTAFFEN - aus ihnen entwickelten sich vermutlich die Menschenaffen und erste Vorformen der →Hominoidae

AUSTRALOPITHECUS - aus dem lat. „Südlicher Affe", Plural: AUSTRALOPITHECINEN; Begriff geprägt von Raymond Dart, der 1924 bei Taung in Südafrika einen fossilen Schädel fand (Kind von Taung), den er Australopithecus africanus nannte; steht heute für die gesamte Gruppe der →hominiden menschlichen Vorfahren

AUSTRALOPITHECUS AETHIOPICUS - Südlicher Affe aus Äthiopien; Bezeichnung für einen Fund von 1967 aus dem Omo-Tal in Äthiopien; ebenfalls der sog. Schwarze Schädel, 1985 von Alan Walker in Kenia gefunden

AUSTRALOPITHECUS AFARENSIS - Südlicher Affe aus Afar; Begriff eingeführt von Donald Johanson nach dem Skelettfund von „Lucy", den er 1974 im Gebiet von Afar machte; steht heute für das älteste Exemplar der Gattung →Hominidae (3,5 Mill. Jahre alt); möglicher Vorläufer aller anderen →Australopithecinen

AUSTRALOPITHECUS AFRICANUS - →Australopithecus; steht für hominide Formen dieser Art, deren Körpermerkmale als grazil (feingliedrig) bezeichnet werden können wie beim „Kind von Taung"

AUSTRALOPITHECUS BOISEI - wurde von Mary Leakey 1959 in der Olduvai-Schlucht als fossiler Schädel gefunden und von Louis Leakey zunächst mit dem Gattungsnamen Zinjanthropus (Ostafrikamensch) bedacht; Artbezeichnung „boisei" zu Ehren des Geldgebers Charles Boise; später jedoch wurde „Zinj" von Forschern als besonders robuster Typ der →Australopithecinen angesehen und erhielt daher die Bezeichnung A. boisei

AUSTRALOPITHECUS ROBUSTUS - wird als fortentwickelte Art von →A. africanus zu einem stärker gebauten Typ (robust) angesehen, dessen Linie vor ca. 1 Mill. Jahren endete; erster Fund 1938 in Südafrika von Robert Broom als Paranthropus (dem Menschen gleich) bezeichnet

DRYOPITHECUS - griech. Baumaffe; vor 20 Mill. Jahren; ca. 60 cm groß; steht stammesgeschichtlich in der Linie der →Hominidae; schimpansenähnlich

Fachchinesisch (Fortsetzung)

HOMINIDAE - Menschenartige; Unterfamilie; dazu zählen der Mensch, alle →Australopithecinen und, überraschenderweise nach neuester Forschung, vor allem durch Vergleiche der Nukleinsäuren, Hormone und Blutgruppen, auch Schimpansen und Gorillas

HOMINOIDAE - Menschenähnliche; Überfamilie der Altweltaffen; dazu zählen alle →Hominidae - also der Mensch in seinen lebenden und fossilen Formen sowie Schimpansen und Gorillas - und die Menschenaffen

HOMO - der Mensch; dazu zählen der Jetztmensch →Homo sapiens sapiens und alle ausgestorbenen Arten →Homo sapiens, →Homo sapiens neanderthalensis und →Homo erectus

HOMO ERECTUS - der aufgerichtete Mensch; das erste Exemplar der Gattung →Homo (vor 1,6 Mill. Jahren); bekannte Funde als Java-Mensch, Peking-Mensch, Heidelberg-Mensch; gesicherte Werkzeugherstellung; vor 1,5-1,2 Mill. Jahren

HOMO HABILIS - der geschickte Mensch; von den Leakeys 1960 zuerst gefundener Typ und von ihnen als erster werkzeugherstellender →Homo bezeichnet wegen der Werkzeugfunde in der gleichen Schicht; datiert auf 1,9 Mill. Jahre; andere Forscher ordnen den H. habilis eher einem Zweig der Art →Australopithecus zu; als Vorläufer des →H. erectus möglich

HOMO SAPIENS - der wissende Mensch; geistig und technisch fortgeschritten; möglicherweise ab 500 000 Jahren

HOMO SAPIENS NEANDERTHALENSIS - eine besondere Ausformung des →H. sapiens; benannt nach einem Fund von 1856 in einer Höhle des Neandertales bei Düsseldorf (siehe Kapitel „Der Neandertaler"); vor ca. 200 000-50 000 Jahren

HOMO SAPIENS SAPIENS - der zweifach wissende Mensch; der moderne, fortgeschrittene Kulturen begründende Mensch, der seine frühen Ausformungen bereits vor 50 000 Jahren im sog. Cro-Magnon-Menschen Südfrankreichs gefunden hat; einzig Überlebender der Gattung →Homo

HYLOBATIDAE - Kleine Menschenaffen oder Gibbons; trennten sich vom gemeinsamen Zweig der →Hominiden vermutlich erst vor 16-12 Mill. Jahren ab

PONGIDAE - Große Menschenaffen; von ihnen lebten vor 30-20 Mill. Jahren einige Arten; heutige, allein noch lebende Art ist der Orang Utan

PRIMATEN - Herrentiere; Überordnung, zu der alle Halbaffen, →Affen, Menschenaffen, →Hominiden und der Mensch gehören

PROCONSUL - eigentlich Dryopithecus africanus, nach einem dem Londoner Zoo gehörenden Exemplar benannt; früher Menschenaffe mit in Richtung →Hominidae zeigenden Merkmalen; vor ca. 20 Mill. Jahren

RAMAPITHECUS - Affe, benannt nach dem Hindugott Rama; 1932 von Edward Lewis im Himalayagebiet gefundenes Fossil; zunächst als Vorläufer der →Hominiden angesehen, gilt er heute als Vorfahr des Orang Utan; vor 15-12 Mill. Jahren

3. Die Forscher

Hobbyforscher

Das Bild der Menschenforschung hat sich in den letzten Jahrzehnten gewaltig gewandelt. Vielfach begegneten frühere „Forscher" eher zufällig fossilen Überresten unserer Vorfahren und gingen damit auch mehr oder weniger zufällig um. So etwa der Düsseldorfer Gymnasialprofessor Fuhlrott, der 1856 die richtige Einsicht hatte, daß es sich bei den im Neandertal ausgegrabenen Knochen um frühmenschliche Exemplare handelte, nämlich die des Neandertalers. Oder der Holländer Eugène Dubois, Paläontologe von eigenen Gnaden, der sich, einer Ahnung folgend, 1891 nach Java aufmachte und dort prompt den Affenmenschen aus Java entdeckte, später als **Homo erectus erectus** klassifiziert.

Diese Forschungsversuche und -ergebnisse waren alle noch wenig systematisch. Die Einschätzung der Funde war sehr oft vom Wunschdenken und dem jeweiligen Weltbild des Entdeckers geprägt. Ziel war es entweder, das mystische Bindeglied der Evolution vom Affen zum Menschen zu finden, oder aber - je nach Ansicht - zu beweisen, daß die Entwicklung des Homo doch einzigartig war.

Fälschung

Ein besonders erstaunliches Beispiel ist der sogenannte „Piltdown-Mensch", benannt nach seinem Fundort, jener Schädel, den der Hobbyforscher Charles Dawson 1912 in einer englischen Kiesgrube fand. Mehrere angesehene Wissenschaftler überprüften den Fund und schätzten sein Alter auf mehrere Hunderttausend Jahre. Jahrzehntelang galt der Piltdown als „englischer Urmensch". Erst in den fünfziger Jahren wurde klar festgestellt, daß der Schädel ca. 500 Jahre alt und offensichtlich künstlich gealtert worden war. Ein glatter Betrug also. Wer war dafür verantwortlich? Der Entdecker vermutlich nicht, aber genau weiß man es bis heute nicht. Man wundert sich dennoch, wie es möglich war, daß berühmte Kapazitäten sich derart hinters Licht führen ließen.

**Raymond Dart
Robert Broom**

Eine weitere wichtige, aber immer noch relativ unsystematische Station der Menschenforschung ist das von **Raymond Dart** 1924 entdeckte „Kind von Taung", der erste **Australopithecus africanus**, der entdeckt wurde. Die entsprechende Fortsetzung war der **Australopithecus robustus**, den **Robert Broom** 1938 fand.

Alle Forscher hatten bis dahin die Neigung, eigene Gattungs- oder Artennamen für die Fossilien zu wählen und insbesondere eine eigene Theorie der Artenentwicklung aufzustellen. Die heutige Forschung baut diese Vielfalt zugunsten von mehr Klarheit deutlich ab. Wenn man etwa den von Sir Arthur Keith 1931 entworfenen Stammbaum der Primatenentwicklung mit jenem von David Pilbeam aus dem Jahre 1979 vergleicht, so wird klar, daß 1931 die Forschung doch weitgehend im Dunkeln tappte. Es gab damals noch wenig Fossilienfunde, die modernen Datierungsmethoden standen nicht zur Verfügung und die Bereitschaft zu neuen Denkansätzen war kaum vorhanden.

Erst in den letzten zwanzig Jahren ist Bewegung entstanden. In der Hauptsache ist dies zwei Forschungsteams zu verdanken, denn die moderne Paläoanthropologie ist nicht die Sache von Einzelkämpfern, sondern von Wissenschaftlern der verschiedensten Disziplinen, die einander zuarbeiten.

**Das
Leakey-Team**

Da wäre zunächst die Gruppe um **Louis Leakey**, 1903 in Kenia geboren, der schon in den dreißiger Jahren am Viktoriasee und in der Olduvai-Schlucht in Tansania Jagd auf Fossilien machte. Auch seine zweite Frau Mary teilte seine Passion und entwickelte sich zur Expertin für die Steinwerkzeugkultur jener Gegend. Nach dem Tode Louis Leakeys traten Mary und sein Sohn Richard das Erbe an.

Der berühmteste Fund von Louis Leakey war wohl „Zinj", den aber eigentlich Mary gefunden hatte. Er glaubte, damit endlich den alten Homo gefunden zu haben, denn mit diesem Begriff war er bei jedem Fund schnell zur Hand. Die These der Leakeys war es, daß sich der Homo als eigenständige Linie unabhängig von den übrigen Hominiden entwickelt habe und es daher irgendwann ein sehr altes Homo-Fossil geben müsse. Leider aber war „Zinj" nicht der gesuchte Homo, sondern ein aufrecht gehender **Australopithecus**, eine Bezeichnung, die den Leakeys zutiefst zuwider war.

Dieses Beharren des Leakey-Clans auf einmal gefaßten Thesen machte später auch Richard Leakey sehr zu schaffen und führte zu einem regelrechten Forscherstreit, der Richards Ruf ein wenig beschädigte.

Das Johanson-Team

Dieser Streit bringt die zweite heute bedeutende Forschergruppe ins Spiel. Das ist das Team um den amerikanischen Anthropologen **Dr. Donald Johanson**. Als Louis Leakey „Zinj" fand, besuchte Johanson noch die Oberschule. Von den Berichten über die Funde fasziniert, schlug auch er den Weg des Anthropologen ein.

Seine Stunde schlug, als er 1974 noch als relativ junger und unbekannter Wissenschaftler an einer Expedition in der Afar-Region in Äthiopien teilnahm. Dort entdeckte er „Lucy", das Skelett eines 3,5 Millionen Jahre alten, aufrecht gehenden hominiden Wesens. Es war eine wissenschaftliche Sensation, als er diesen Fund nach langer Auswertung im Jahre 1978 dokumentierte.

Zu dieser Zeit war Johanson noch mit Mary und Richard Leakey befreundet und suchte ihren Rat und ihre Meinung. Als er bald nach dem Fund von „Lucy" jedoch eine eigene Entwicklungslinie der **Hominiden** vorstellte, die auf „Lucy", also **Australopithecus afarensis** basierte, fühlten sich die Leakeys wohl in ihrer Forscherehre angegriffen, da sie einen **Australopithecus** nicht als Vorläufer des **Homo** ansehen wollten. Ein Forscher aus dem Leakey-Team, Tim White, schlug sich nach einer Auseinandersetzung mit Richard Leakey auf die Seite von Johanson.

Streit um 1470

Es ging dabei um die Datierung eines Fundes von 1972, den Richard bei Koobi Fora am Turkana-See im Norden Kenias machte. Das Alter datierte er auf 2,9 Millionen Jahre. Natürlich bezeichnete er den Fund als Homo, und tatsächlich konnte auch jeder sehen, daß dieser Schädel, genannt „1470", ein Homo war. Eine neue Sensation?

Tim White stellte eigene Untersuchungen an, die die Datierung in Frage stellten. Aufgrund anderer Säugetierfossilien derselben Schicht, in der Richard Leakey den „1470" gefunden hatte, kamen White und auch andere Wissenschaftler zu der Auffassung, daß die Datierung falsch sei und bei 1,8 Millionen Jahren liegen müsse. Als White diese Ergebnis veröffentlichen wollte, sprach Leakey seinem Team-Mitglied sein Mißfallen aus. Das war der Bruch. White veröffentlicht dennoch und schloß sich Johanson an. Er wurde ein wichtiges Mitglied des Teams. Johanson und White riefen gemeinsam den Begriff **Australopithecus afarensis** ins Leben.

In Nachbars Garten

Johanson forschte hauptsächlich in Äthiopien am Omo und im Afar-Gebiet. In den achtziger Jahren war dies aufgrund der politischen Lage nicht mehr möglich. 1985 ging er schließlich zu einer neuen Grabungskampagne in das „Hoheitsgebiet" der Leakeys in die Olduvai-Schlucht. Dies war aber tatsächlich wohl erst möglich, nachdem sich Mary zur Ruhe gesetzt hatte. In der Olduvai-Schlucht machte Johanson erneut erstaunliche Funde, die ihn zwangen, seine ursprüngliche Ordnung der Australopithecinen zu überdenken.

Die Forschungsmethoden Johansons zeichnen sich dadurch aus, daß er möglichst viele Wissenschaftler und ihre Meinungen in seine Erkenntnisgewinnung einbindet. Auch die in seinem Institut aufgestellten Untersuchungsreihen sind sehr aufwendig. So wurden zur Untermauerung der Australopithecinen-These Hunderte von Primatengebissen, - knochen und -schädel und alle erreichbaren Fossilienentsprechungen miteinander verglichen.

Die hier auf diesen Seiten dargestellte Hominidenentwicklung baut auf den Erkenntnissen Johansons und auf jenen der modernen Primatenforschung auf. Johansons Modelle erscheinen schlüssig, zumal er zuallererst bereit ist, eine These umzustoßen, wenn eine bessere in Sicht ist. Denn eines muß immer wieder deutlich gesagt werden: Die Paläoanthropologie geht immer mehr von Annahmen aus, je weiter sie in die Vergangenheit zurückblickt. Diese Annahmen stützen sich zwar auf methodisch gesicherte Ergebnisse moderner Forschung, die in einen - für uns - logischen Zusammenhang gestellt werden. Aber wer weiß schon, was zukünftig noch entdeckt wird und wie das Bild dann aussieht?

J.C. Fuhlrott

Raymond Dart

Robert Broom

Mary Leakey

Louis Leakey

Donald Johanson

4. Der Stand der Forschung

Dieser Text bezieht sich auf das Schaubild von Seite 48. Alle Begriffe sind unter „Fachchinesisch" erklärt. Diese Grafik ist der Versuch einer paläontologischen Zusammenschau unter Einbeziehung der aktuellen Primatenforschung.

Katastrophe

Wenn man so will, verdanken wir Menschen unsere Existenz einem Ereignis, das nicht weniger als 65 Millionen Jahre zurückliegt. Zu jener Zeit nämlich verschwanden die großen Saurier von unserem Planeten. Mit hoher Wahrscheinlichkeit ereignete sich vor ca. 66 Millionen Jahren eine Katastrophe kosmischen Ausmaßes. Ein gigantischer Komet kollidierte mit der Erde im Bereich des Mexikanischen Golfes. Geologen konnten anhand von Weltraumfotografien die Kraterränder nachweisen. Nach einer wissenschaftlichen Annahme wurde dabei der gesamte Erdball beinahe aus den Fugen gerissen. So viel Staub soll aufgewirbelt und in der Erdatmosphäre verteilt worden sein, daß sich die Sonne für lange Zeit verdunkelte. Pflanzen und Tiere starben zu 70% aus, unter ihnen die Dinosaurier, die wegen ihres hohen Energiebedarfs nicht überleben konnten. Nur sehr kleine, mausähnliche Arten überstanden dieses Inferno. Soweit die Annahme.

Wenn es so gewesen ist, dann war aber der Weg frei für einen neuen Anlauf der Evolution. Denn es ist zu vermuten, daß die Saurier keiner anderen Art ein Chance gelassen hätten. Immerhin hatten sie schon 160 Millionen Jahre überstanden, warum also nicht auch noch die „paar Jahre" bis heute?

Die Vorfahren der Vorfahren

So waren dann auch die Vorfahren der Primaten kleine insektenfressende Säugetiere, wie wir sie etwa als Spitzmaus kennen. Aus ihnen entwickelten sich die verschiedenen Affenarten. Interessant ist in diesem Zusammenhang, daß die Entwicklung zunächst auf dem Boden begann und sich dann in den Bäumen fortsetzte.

Aus den Altweltaffen Afrikas und Asiens trennten sich vor ungefähr 33 Millionen Jahren die **Hominoidae** ab. Der **Aegyptopithecus** gilt als Urvater (oder -mutter?) dieser Linie. Es entwickelten sich in der Folge die heutigen Menschenaffen (Gibbon und Orang-Utan), aber auch solche, die in ihrem Erscheinungsbild und ihrem Verhalten bereits Ansätze hominider Formen andeuteten. Merkmale dafür zeigen sich in Skelett- und Gebißfossilien. Auf der Bildfläche erschienen **Proconsul** und **Dryopithecus**. Sie lebten vor 20 Millionen Jahren.

Mehrere Arten also führten von den Menschenaffen weg. Lange Zeit galt der **Ramapithecus** als erster Hominide. Der Ramapithecus jedoch lebte, wie man jetzt weiß, lange vor der Aufspaltung von **Hominidae** und **Pongidae**. Heute gilt er als Vorfahre des Orang-Utans.

Die Vorfahren

So geht die Linie womöglich vom **Dryopithecus** weiter in Richtung **Hominidae**, zu denen man nunmehr auch Gorilla und Schimpanse zählt. Während sich der Gorilla schon früh abspaltete, muß die gemeinsame Linie der Schimpansen und der menschlichen Vorläufer weit länger existiert haben, als man bisher annahm. Erst etwa vor 8-5 Millionen Jahren trennten sich die Wege der beiden Arten. An dieser Stelle steht das große Fragezeichen. Denn es muß ja zwangsläufig ein Ereignis stattgefunden haben, das bestimmte Individuen dazu trieb, die Bäume für immer zu verlassen und sich, mehr oder weniger aufrecht gehend, in die offene Savanne zu wagen. Dazu können stark veränderte afrikanische Umweltbedingungen beigetragen haben, wie es mehrmals im **Miozän** (24-5 Mio. Jahre) geschah. Das diesen Vorgang erklärende Bindeglied fehlt noch.

Sehr bald aber tauchte **Australopithecus afarensis** (Lucy) auf. Diese Art hat eine Schlüsselstellung bei der Entwicklung der verschiedenen Australopithecinen, die offenbar zeitlich durchaus nebeneinander gelebt haben. **Australopithecus africanus, robustus, aethiopicus** und **boisei** verschwanden jedoch aus der Geschichte.

Bleibt **Homo habilis**. Die große Frage bei ihm ist, ob er der Werkzeug herstellende Noch-Australopithecus ist oder schon der „geschickte Mensch", der Homo. Die Antwort ist noch relativ offen.

Endlich, Mensch!

Beim **Homo erectus**, der in seiner Nachfolge steht, ist alles klar. Hier haben wir den wirklichen Menschen, der das Modell bot für zwei Nachfolger: **Homo sapiens** und **Homo neanderthalensis**. Beide mögen auch eine Zeitlang gleichzeitig gelebt haben. Ob der Neandertaler nun ausgestorben ist oder doch vielleicht irgendwie im sapiens verschwand, wer weiß (siehe Kapitel „Neandertaler").

Während bis hierher in allen Stufen der Hominiden-Evolution immer mehrere Arten festzustellen sind, bleibt zuletzt nur der **Homo sapiens sapiens** übrig. Er ist der einzig lebende Homo. Alle Menschen dieser Erde, ob hell oder dunkel, ob klein oder groß, ob zivilisiert oder Naturvolk, gehören dieser Art an. Das ist leider nicht allen Menschen klar, und oft genug benehmen sie sich auch nicht wie ein Homo sapiens sapiens.

Festzuhalten ist, daß der Ursprung der Hominidae irgendwo in Ostafrika zu suchen ist. Alle Australopithecinen stammen aus Afrika. Erst die Gattung Homo mit ihren Arten muß sich angeschickt haben, die Welt zu entdecken. Mittels einer Weltkarte, in die alle Homo-Funde datiert eingetragen werden, kann man feststellen, daß sich die Ausbreitung quasi ringförmig vollzog. Je jünger die Datierung der Fossile, desto weiter entfernt sich Homo von Afrika. Der **Homo erectus** wurde, wie schon erwähnt, u.a. auch auf Java gefunden.

Im Jahre 1978 wurden bei Laetoli in einer Ascheschicht die Fußabdrücke zweier Hominiden entdeckt, die beweisen, daß diese Wesen schon vor dreieinhalb Millionen Jahren aufrecht gingen. Die Zeichnung oben wurde aufgrund der Abdrücke angefertigt.

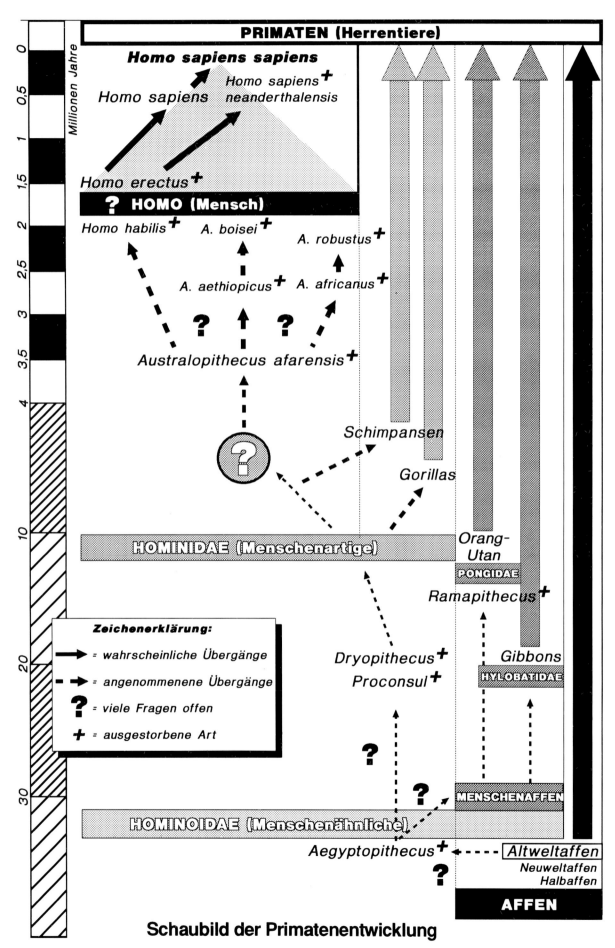

Schaubild der Primatenentwicklung

Zeitleiste der Hominidenevolution

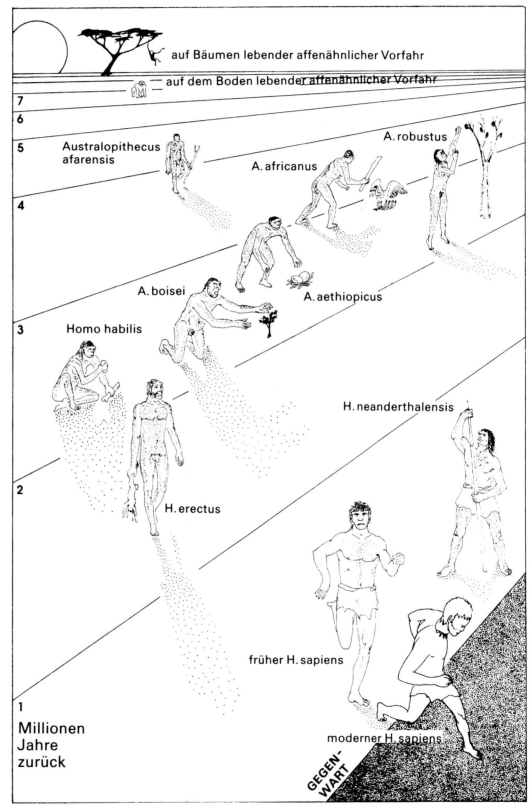

Füllt man die Schautafel der vorigen Seite mit Lebewesen, so wird vielleicht noch deutlicher, wie vielfältig die Möglichkeiten der menschlichen Entwicklung waren. Die Schatten deuten die Zeitdauer der Existenz an. Sichtbar wird dadurch auch, daß verschiedene Arten von Hominiden und Homo nebeneinander gelebt haben.

Die Körpergrößen

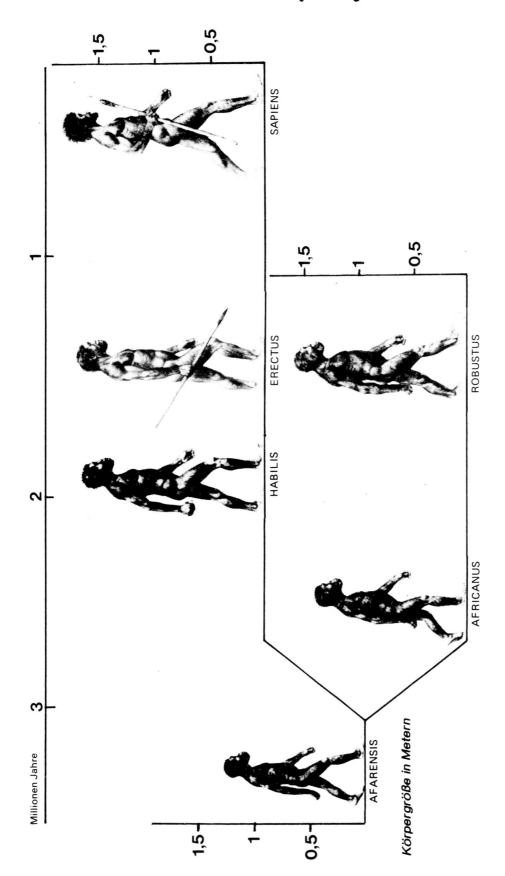

So könnten die Wesen der Hominidenreihe einmal ausgesehen haben, wobei in diesem Schaubild die Linien von Australopithecus aethiopicus und A. boisei ausgespart wurden. Wie die ausgestorbenen Arten nun tatsächlich aussahen, wer will das schon anhand der oftmals spärlichen Fossilien genau sagen? Die Größenverhältnisse jedoch sind gesichert.
Deutlich erkennbar ist die Zunahme der Körpergröße. Diese Entwicklung setzt sich übrigens auch heute noch fort.

5. Die Fundorte

Alle spektakulären Funde, die Licht in die Evolution der Hominiden gebracht haben, stammen aus der unmittelbaren Nähe des ostafrikanischen Grabensystems. Wie bereits im ersten Kapitel „Geschichtsbuch Erde" angedeutet wurde, ist der Zustand der Schichtenlage wichtig für das Auffinden von Fossilien. Gerade im Rift-Valley hat sich in den letzten Jahrmillionen die Stratigraphie ungeheuer verändert. Sie tut es noch, und irgendwann einmal wird Ostafrika auseinanderbrechen. Auch das Erscheinungsbild Afrikas war einem ständigen Wandel unterzogen. So nahm der Regenwaldbestand während der Eiszeit dramatisch ab. Allein dadurch waren die baumbewohnenden Vorfahren wohl gezwungen, sich auf ein Überleben in der Steppe einzustellen. Man kann eine Linie ziehen vom **Afar-Dreieck** in Aethiopien über den **Turkana-See** hin zur **Olduvai-Schlucht** und Laetoli und schließlich bis nach Südafrika. Auf dieser Linie stand mit großer Wahrscheinlichkeit die Wiege der Menschheit.

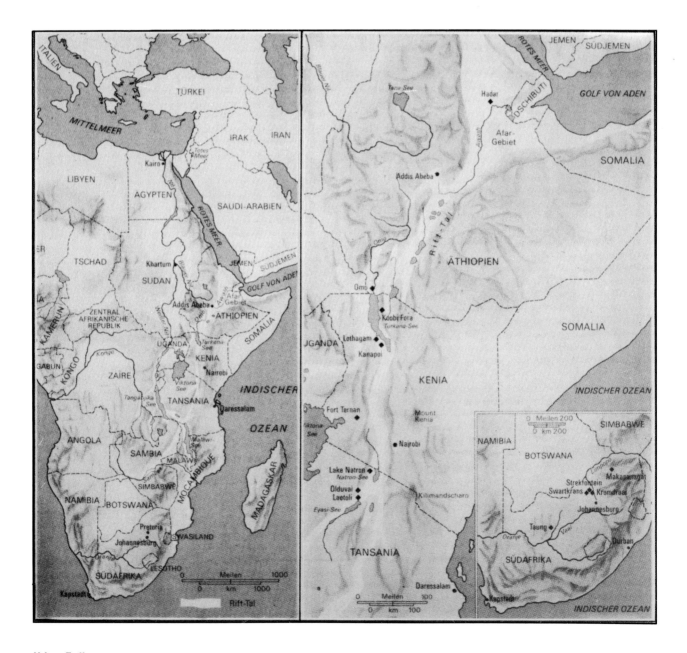

Die Zweite Verwerfung der Olduvai-Schlucht. Im Hintergrund der erloschene Vulkan Lemagrut. (Donald Johanson)

Mitglieder der Olduvai Research Expedition kehren nach einem Tag im Feld ins Lager zurück. Im Hintergrund wiederum der Vulkan Lemagrut. (Donald Johanson)

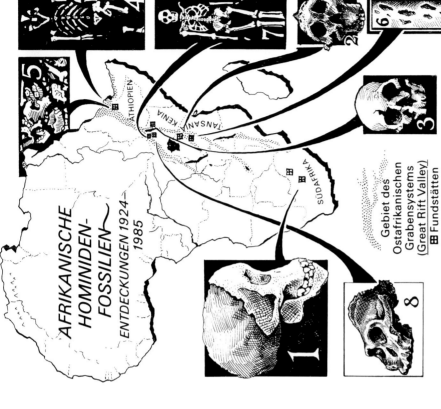

AFRIKANISCHE HOMINIDEN-FOSSILIEN — ENTDECKUNGEN 1924–1985

ÄTHIOPIEN

KENIA

TANSANIA

SÜDAFRIKA

Gebiet des Ostafrikanischen Grabensystems (Great Rift Valley)
⊞ Fundstätten

In der Reihenfolge der Entdeckungen:

1. **Kind von Taung.** *A. africanus,* **1924,** ca. 1–2 Millionen alt
2. **Zinj.,** *A. boisei,* **1959,** ca. 175 Millionen Jahre alt
3. **1470,** *H. habilis,* **1972,** ca. 1.9 Millionen Jahre alt
4. **Lucy,** *A. afarensis,* **1974,** ca. 3 Millionen Jahre alt
5. **Die erste Familie,** *A. afarensis,* **1975,** ca. 3 Millionen Jahre alt
6. **Fußabdrücke von Laetoli,** **1978,** ca. 3.5–3.77 Millionen Jahre alt
7. **Homo erectus, Junge,** **1984,** ca. 1.6 Millionen Jahre alt
8. **Schwarzer Schädel,** *A. aethiopicus,* **1985,** ca. 2.6 Millionen Jahre alt

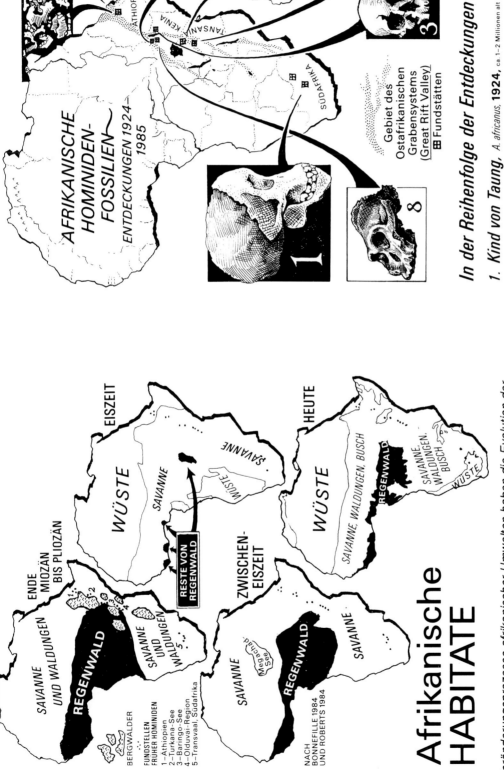

Afrikanische HABITATE

EISZEIT

HEUTE

WÜSTE

SAVANNE

WÜSTE

SAVANNE, WALDUNGEN, BUSCH

REGENWALD

SAVANNE, WALDUNGEN, BUSCH

WÜSTE

ENDE MIOZÄN BIS PLIOZÄN

SAVANNE UND WALDUNGEN

REGENWALD

RESTE VON REGENWALD

SAVANNE UND WALDUNGEN

BERGWÄLDER

FUNDSTELLEN FRÜHER HOMINIDEN
1 – Äthiopien
2 – Turkana-See
3 – Baringo-See
4 – Olduvai-Region
5 – Transvaal, Südafrika

ZWISCHEN-EISZEIT

SAVANNE

Megasad See

REGENWALD

SAVANNE

NACH BONNEFILLE 1984 UND ROBERTS 1984

Die Veränderungsprozesse afrikanischer Umwelten haben die Evolution der menschlichen Linie beeinflußt. Ende des Miozäns wichen die tropischen Regenwälder, die den Kontinent einst beherrscht hatten, allmählich den Savannen und offenen Waldungen. Im Laufe der nächsten zehn Millionen Jahre haben die Polgletscher nachhaltige Wirkungen ausgeübt. Kühlere Temperaturen und geringere Niederschläge während der Eiszeiten ließen die Regenwälder zu kleinen Inseln schrumpfen, so daß die in ihnen lebenden Arten von einander isoliert waren. In den wärmeren und feuchteren Perioden zwischen den Gletschervorstößen dehnten sich die Regenwälder wieder aus und brachten die in der Isolierung weiterentwickelten Arten wieder zusammen.

Schichtungen in der Olduvai-Gegend

A

NAIBOR
SOIT
INSELBERG

Bed I
See

vulkanisches
Hochland

VOR ETWA ZWEI MILLIONEN JAHREN

B

(Zeichnungen nicht maßstabsgerecht – Charakteristika übertrieben)

Abhänge entlang der Verwerfungslinie

Olbalbal-
Senke

Fluß

(Die Fossilien liegen viele Meter unter dem Fluß)

VOR ETWA 200 000 JAHREN

C

GEGENWART

A: Lava, Asche, Sedimentgestein (Bed I) setzen sich auf einer alten Gesteinsschicht ab (See bildet sich allmählich);

B: Erdbewegungen lassen einen Abfall von 100 Meter Tiefe entstehen (am Ostende der heutigen Schlucht), Abhänge treten entlang der Verwerfungslinien auf;

C: Erosion durch Wasser gräbt 100 Meter tief entlang der Schlucht und legt Bed I (mit seinen urzeitlichen Fossilien) frei, nachdem sie durch jüngere Schichten gedrungen ist.

Vor zwei Millionen Jahren war die Olduvai-Gegend ein großer See. Viele Lebewesen waren an seinen Ufern zu finden. In der Folge von Ablagerungen und Vulkanausbrüchen gelangten zunächst Knochen - auch von Hominiden - in den Untergrund. Große Erdverschiebungen innerhalb der letzten 500 000 Jahre und das grabende Wasser eines Stromes veränderten die Schichtung. Heute gibt die hundert Meter tiefe Schlucht die fossilen Überreste wieder frei.

6. Was ist Mensch?

Die Frage, was nun den Menschen ausmacht, was ihm eigentümlich ist, woran er zu erkennen ist, bewegt die Forscher sehr. Die Ansichten gehen dabei sehr auseinander. Ein Menschenaffe ist und bleibt ein Affe, ein Affenmensch hingegen ist ein Mensch, wie immer er auch aussehen mag. Aber wo ist der Schmelzpunkt, die Verbindung dieser beiden Wesen anzusetzen?

Mensch=
Werkzeugmacher?

Lange Zeit war man beispielsweise der Ansicht, nur der Mensch sei in der Lage, Werkzeuge herzustellen. Die Wirklichkeit sieht anders aus. Werkzeuge benutzen bereits Vögel, etwa einen spitzen Dorn, um eine Made aus einer Baumvertiefung herauszupicken. Affen angeln mit Stangen nach hoch hängenden Früchten oder suchen sich passende Steine, um Nüsse zu knacken.

Dennoch gibt es Merkmale, die man als dem Menschen eigentümlich bezeichnen kann. Im wahren Sinn des Wortes herausragend ist der aufrechte Gang. Ein Wesen, das auf beiden Beinen aufrecht geht, ist menschlich zu nennen. Denn es muß zwangsläufig anatomische Eigenschaften aufweisen, die uns Jetztmenschen auch noch auszeichnen. Das Skelett eines solchen Wesens muß den aufrechten Gang unterstützen.

Das beginnt bei der Austrittsöffnung des Nervenstranges aus dem Hinterkopf. Bei einem Lebewesen, das sich auf allen Vieren bewegt, wird dieses Loch weit hinten am Kopf zu finden sein. Beim aufrechten Gang aber verlagert sich die Öffnung nach unten.

Ein weiteres entscheidendes Merkmal für das Aufrechtgehen ist die Aufhängung der Oberschenkelknochen am Becken. Sie muß so beschaffen sein, daß der Schwerpunkt des Wesens eine stabile Lage erreicht. Der Blick auf das nachgebildete Skelett von „Lucy" zeigt, daß alle diese Merkmale zu finden sind. Das Becken selbst ist dem unsrigen absolut ähnlich. „Lucy" hatte also die Schwelle zum Menschen bereits überschritten.

Dies ist auch an einem weiteren wichtigen Vergleichsmerkmal zu belegen. Kiefer- und Zahnvergleiche zeigen anschaulich, wie sehr sich Affen- von Menschengebissen unterscheiden und wie nahe die Australopithecinen uns in dieser Hinsicht kommen. Selbst die hominiden Schimpansen weisen noch deutlich die großen Affen-Eckzähne auf, die bei den Australopithecinen vollkommen verschwinden, während bei ihnen große Backenzähne (Molare) in Erscheinung treten.

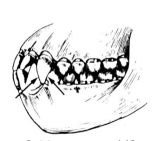

Schimpansengebiß

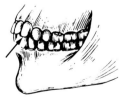

Menschliches Gebiß

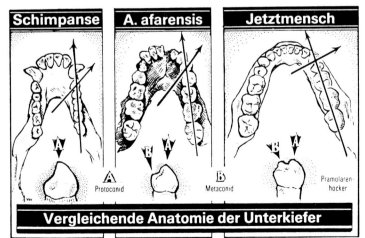

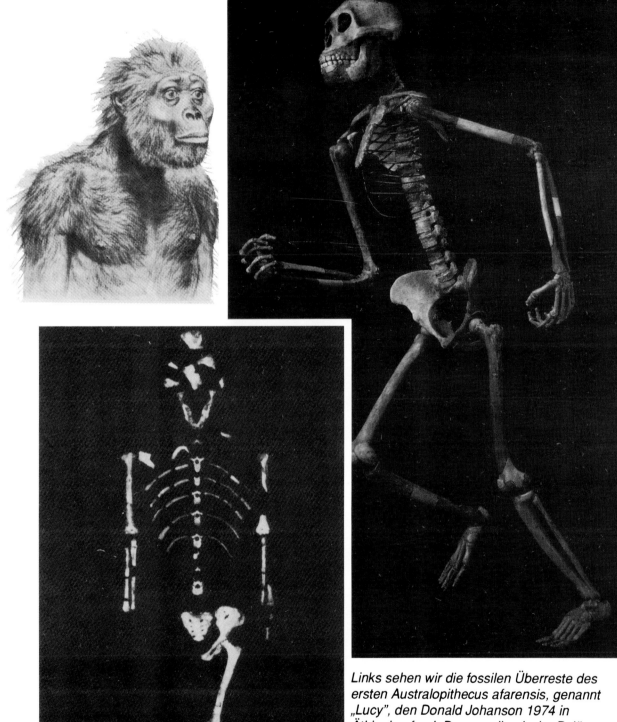

Links sehen wir die fossilen Überreste des ersten Australopithecus afarensis, genannt „Lucy", den Donald Johanson 1974 in Äthiopien fand. Der amerikanische Paläoanthropologe Owen Lovejoy rekonstruierte anhand dieser Fossilien Lucys Skelett. Kopfhaltung und Anpassung der Oberschenkel-, Knie- und Fußgelenke lassen nur den aufrechten Gang zu. Und so sah dieses Wesen möglicherweise aus (oben links). Jay Matternes hat es anhand der Rekonstruktion in einer wissenschaftlichen Zeichnung dargestellt.

Hirn Ein anderes menschliches Merkmal ist das Gehirnvolumen. Mit zunehmender Erkenntnis über das Alter der Menschheit machte sich auch immer mehr die Erkenntnis breit, daß das Hirnvolumen bei den ersten Menschenähnlichen womöglich geringer war als man bisher anzunehmen wagte. Die Schwelle, bei der Forscher heute bereit sind zu sagen, das ist menschlich, liegt bei etwa 700-800 cm³.

Alles in allem drängt sich die Erkenntnis auf, daß die menschlichen Vorfahren weit primitiver waren als angenommen. So ist letztlich die oben gestellte Frage eher eine philosophische. Wann erkannte der Mensch sein eigenes **Ich**, wann stellte er sich selbst in Raum und Zeit? Die Antwort darauf wird sich kaum aus Fossilien ableiten lassen.

Warum aber ging „Lucy" aufrecht? Denn diese Art zu gehen ist ja recht unkomfortabel, da das Gleichgewicht ständig ausgelotet werden muß. Es bedarf also schon eines komplexen Kausalitätszusammenhangs, damit ein Wesen seine Lebensweise derart einschneidend verändert. Entsprechende Theorien dazu sollten Interessierte bei Donald Johanson nachlesen, da sie doch recht kompliziert sind.

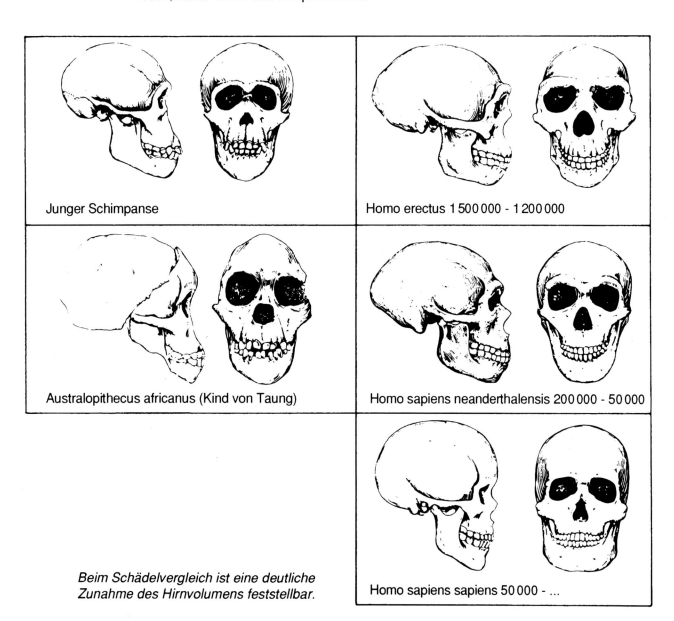

Junger Schimpanse

Homo erectus 1 500 000 - 1 200 000

Australopithecus africanus (Kind von Taung)

Homo sapiens neanderthalensis 200 000 - 50 000

Homo sapiens sapiens 50 000 - ...

Beim Schädelvergleich ist eine deutliche Zunahme des Hirnvolumens feststellbar.

Skelettvergleich

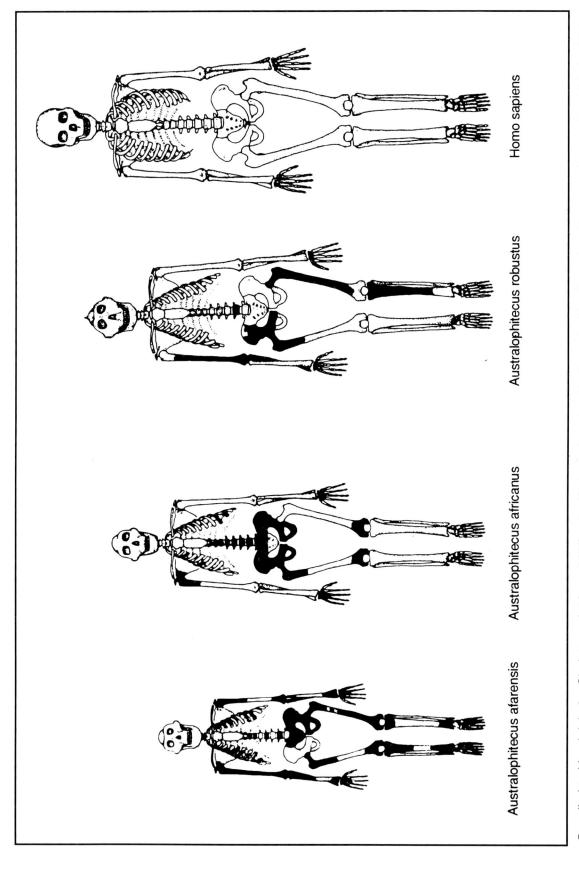

Der direkte Vergleich der Skelette zeigt in verblüffender Weise, wie nahe die Australopithecinen dem Homo sapiens stehen. Die im Bild schwarz gezeichneten Teile sind die jeweils in das Skelett eingepaßten fossilen Funde. Bei den Schädelteilen wurde der besseren Erkenntlichkeit wegen auf die Schwärzung verzichtet. Erstaunlich ist die Tatsache, daß man offenbar vom A. afarensis mehr Fundstücke besitzt als vom africanus oder robustus und daher über das ältere Wesen, das aber viel später gefunden wurde, mehr weiß.

Berühmte Köpfe

Australophitecus afarensis (Lucy), 1974

Australophitecus africanus
(Kind von Taung), 1924

Australophitecus
aethiopicus
(Schwarzer Schädel), 1985

Australophitecus boisei (Zinj), 1959

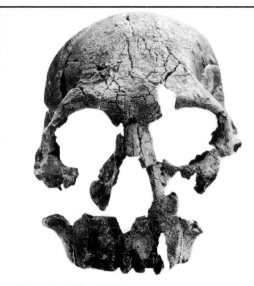

Homo habilis, 1973

Homo erectus, 1975

1. Die Familie Proconsul

Zwanzig Millionen Jahre vor unserer Zeitrechnung. Weltweit hat sich das Klima abgekühlt. In der Antarktis ist die Vereisung bereits weit fortgeschritten. Immer noch driften die kontinentalen Schollen weiter auseinander. So öffnet sich in dieser Zeit der Golf von Aden zwischen dem afrikanischen Kontinent und der arabischen Halbinsel. In Afrika selbst macht sich der Rückgang des Regenwaldes bemerkbar. Die Savanne breitet sich mehr und mehr aus.

In der Übergangszone zwischen Savanne und Wald - vielleicht ist es im heutigen Kenia oder Tansania - ist die Landschaft unübersichtlich. Hohes Gras, unterbrochen von lichten Baumgruppen, bedeutet Schutz und Gefahr zugleich. In der Nähe beginnen schon die Hügel, dahinter die großen Berge.

Eine Gruppe von Affen ist im Schatten einiger Bäume versammelt. Die etwa 60 cm großen Wesen gehören zur Gattung der frühen Menschenaffen. Später werden Wissenschaftler sie mit dem Namen **Proconsul** bezeichnen. Familie Proconsul also.

Alle schauen ein wenig angespannt in eine Richtung. Was gibt es da zu sehen? Schleicht sich ein Feind an? Oder reißt gerade eine große Raubkatze ein Tier, und es bleiben ein paar Reste übrig? Zwei Familienmitgliedern scheint die Sache nicht geheuer. Sie haben sich auf den sicheren Aussichtspunkt im Baum zurückgezogen. Schließlich sind alle aus der Familie gute Kletterer. Man hat ja diese Fähigkeiten im Wald lang und ausdauernd entwickelt.

Aber was macht der dritte? Er hat sich auf einen Stein im Gras begeben und steht aufrecht auf beiden Beinen da, ohne sich mit den Händen abzustützen. Dieses Kunststück hat er sich selbst beigebracht, sehr zum Erstaunen der anderen, wie der vierte Proconsul unten im Gras deutlich durch seinen Gesichtsausdruck zu erkennen gibt. Unser Balancekünstler schafft es sogar, sich eine kurze Strecke zweibeinig und aufrecht fortzubewegen. Allerdings - wenn er auf der Flucht ist, geht's auf allen Vieren sicherer. Wer die Familie Proconsul kennt, weiß, daß über kurz oder lang alle anderen diesen zweibeinigen Trick auch beherrschen werden.

Die Pros können solche Bewegungen gut ausführen, weil ihre Fußsohlen sich ein wenig von denen anderer Affenarten unterscheiden. Sie sind irgendwie flacher, irgendwie - menschlicher? Auch sonst ist bei ihnen einiges anders. Sie haben kaum Augenwülste am Schädel, ihre Kiefer sind spitz, ihre Backenzähne sind größer als die "normaler" Affen. Sie haben sich offenbar entschieden, etwas Besonderes zu sein. Es wird überliefert, daß ein ferner, ferner Urahn namens **Aegyptopithecus** auch schon aus der Reihe tanzte. Eben! Sollen doch die anderen in ihren Bäumen hocken bleiben!

Irgendwann einmal soll man sagen, die Proconsuls damals, die hatten die Zeichen der Zeit schon erkannt. Irgenwie raus aus den eingefahrenen Bahnen, wenn es immer weniger Bäume gibt, was soll dann noch die Kletterei? Im hohen Gras muß man sich schon mal aufrichten, wenn man etwas sehen will. Und wenn man sich dann möglicherweise noch anders ernähren muß, dann taugen auch die alten Zähne nicht mehr.

Mutige Ideen hat sie schon, die Familie Proconsul. In späteren Zeiten wird man aber leider feststellen, daß die Umsetzung doch nicht so konsequent war. Vielmehr bleiben die Pros auf der Entwicklung stehen, die wir hier beschrieben finden. Eine andere Art wird sich einige Schritte weiter wagen, nämlich die Familie **Dryopithecus**. Andererseits - beide Familien sind nahe Verwandte, und sicher sind sie sich noch begegnet.

Original-Diorama im Niedersächsischen Landesmuseum Hannover, Naturkundeabteilung

2. Die Robusten aus Olduvai

Zwei Millionen Jahre vor unserer Zeitrechnung. Die Kaltzeit hat sich auf der Erde ausgebreitet und zu großer Gletscherbildung an den Polen und in den Hochgebirgen geführt. Auch in äquatorialen Breiten sinkt die Temperatur um ca. 4 °C gegenüber heutigen Werten. Der Regenwald in Afrika ist bis auf klägliche Reste fast vollständig verschwunden.

Die Erde im heutigen Tansania ist in Bewegung. Es ist der Beginn der großen Veränderungen, deren Ergebnis man später als Olduvai-Schlucht bezeichnen wird. Aktive Vulkane speien ständig Lava und Gase aus, sehr zum Schrecken der hier lebenden Wesen.

Man könnte sie auf den ersten Blick für Schimpansen halten, wie sie da auf dem Boden hocken. Aber halt! Einige von ihnen bewegen sich ganz anders, als man es von Schimpansen gewohnt ist. Sie gehen - ja, sie gehen aufrecht auf zwei Beinen wie wir Menschen.

Aber es sind keine Menschen, man sieht es genau. Etwa 1,60 m groß, behaarter Körper, robuster Körperbau, großes Gesicht, verhältnismäßig flacher Gehirnschädel, so zeigen sich uns diese Wesen. Der Paläoanthropologe erkennt sie sofort: Es sind **Australopithecinen** der robusten Art.

Wie es scheint, befinden sie sich an einer Art Lagerplatz und verrichten dort Tätigkeiten, die uns ebenfalls ziemlich menschlich vorkommen. Sie tragen Knochen zusammen, die sie wohl in der Savanne gefunden haben. Einer von ihnen schlägt mit einem Stein auf einen Knochen ein. Er möchte an das schmackhafte Knochenmark gelangen und benutzt den Stein als Werkzeug. Diese Schlagtechnik hat sich - das weiß er - sehr bewährt. Ein Gruppenmitglied schaut ihm aufmerksam zu und gibt beifällige Laute ab.

Sie essen gerne Fleisch, aber das Jagen größerer Beute ist ihnen doch zu gefährlich. Einfacher ist es, sich mit dem Aas anderer Tiere zu begnügen. Natürlich essen sie auch, was die Savanne sonst noch so bietet an Kleintieren, Früchten und Pflanzen. Ihre Zähne verarbeiten alles.

Nicht selten wird ein Gruppenmitglied selbst zur Beute von Raubtieren. Meist haben sie jedoch Glück, erblicken den Räuber - dank ihrer aufrechten Haltung - schon frühzeitig und können ihn gemeinsam mit viel Lärm und Steinwürfen verjagen.

Die Savanne bietet den Robusten kaum Schutz. Es gibt nur vereinzelt Bäume, im Klettern sind sie auch wenig geübt. Schon ihre Vorfahren, die noch im Wald lebten, gingen aufrecht, das hat mit dem Verschwinden der Bäume nichts zu tun.

Es ist schwer, hier zu überleben, aber unsere Freunde haben es gelernt. Sie können schnell zweibeinig laufen, sie sind wehrhaft, vor allem aber haben sie aufgrund ihrer zunehmenden Intelligenz ein soziales Verhalten entwickelt, das es in dieser Form bisher nicht gegeben hat. Sie fühlen sich füreinander verantwortlich. Vielleicht gibt es bei ihnen deshalb keinen Streit um die Weibchen, denn es haben sich überwiegend Zweierbeziehungen entwickelt. Wenn man die Paare sieht, könnte man meinen, es sei Liebe im Spiel.

Paarungsbereit sind die Frauen immer, sie können jederzeit schwanger werden. So gebären sie die Jungen in rascher Folge, was dazu führt, daß sie oft mehrere gleichzeitig versorgen müssen. Man muß sehr auf die Kinder aufpassen. Sie können sich nicht mehr an der Mutter festklammern. Die Mütter sind vollauf damit beschäftigt, die Kleinen zu hüten und zu schützen, und bleiben daher in der Regel in der Nähe eines festen Lagerplatzes, während die Männer für Nahrung sorgen. Aufrechter Gang und geändertes Sexualverhalten haben diese Arbeitsteilung erzwungen.

Original-Diorama im Niedersächsischen Landesmuseum Hannover, Naturkundeabteilung

3. Die aufrechten Menschen

Eine Millionen Jahre vor unserer Zeitrechnung. Kalt- und Warmzeiten wechseln einander ständig ab und verändern die klimatischen Verhältnisse auf der Erde. In Mitteleuropa kommt die Faltung der großen Gebirge zum Ende. Der Meeresspiegel sinkt weltweit um etwa 200 m. In Europa erscheinen erstmals echte Elefanten, die Mammute.

In Ost- und Südafrika tummeln sich die verschiedenen **Hominiden**. **Australopithecinen** haben wir schon kennengelernt. Sie haben inzwischen Gesellschaft bekommen vom **Homo habilis**, dem geschickten Menschen, der vermutlich die ersten einfachen Werkzeuge gefertigt hat.

Aber auch anderswo auf der Erde sind nun menschliche Wesen anzutreffen. Die Gattung „Homo erectus", der erste wirkliche Urmensch, breitet sich aus. Wer damals hätte suchen können, wäre erstaunt gewesen, wo überall **Homo erectus** zu finden war. Natürlich in Afrika, aber auch in Europa (Heidelberg-Mensch), auf Java (Java-Mensch) und in China (Peking-Mensch).

Bleiben wir doch gleich in China. In der bergig-kargen, lößbedeckten Landschaft von **Chou-Kou-Tien** bei Peking können wir eine Sippe der aufrechten Menschen beobachten. Aber - was ist es denn, was uns irgendwie merkwürdig vorkommt? Ja, natürlich! Das Feuer! Feuer ist uns bisher bei unserer Reise durch das Leben unserer Vorfahren nicht begegnet.

In der Tat ist Homo erectus, den man später als Javamensch, Pekingmensch, Heidelbergmensch oder Rhodesiamensch bezeichnen wird, der erste Vertreter in der Menschengeschichte, der das Feuer nachweislich verwendet. Unsere Gruppe hat aber noch Probleme mit dem Feuer. Hier im Bild sehen wir nur eine Nebenfeuerstelle. Das eigentliche Feuer ist in der Höhle. Später werden Forscher dort einmal eine Ascheschicht von 6 m Höhe feststellen. Die Urmenschen müssen das Feuer immer am Brennen halten. Wie man es entfacht, wissen sie nicht. Ständig wird neues Brennmaterial nachgelegt. Wehe, wenn ein Familienmitglied einmal nicht aufpaßt und das Feuer ausgehen läßt! Neues Feuer bringt nur der Blitzschlag, der in einen Baum einschlägt. Aber wie oft passiert das schon? Und ohne Feuer können sie die nächtliche Kälte kaum aushalten. Von einem Haarkleid kann man bei ihnen nicht mehr sprechen, Kleidung kennen sie wohl noch nicht. Ebenso vertreibt das Feuer wirksam wilde Tiere. Man kann daher sagen, Feuer ist diesen Urmenschen fast heilig.

Doch seltsam, zum Gahren von Nahrung wird die offene Flamme kaum genutzt, alles wird roh gegessen. Man hat später sogar unterstellt, die Aufrechten seien Kannibalen gewesen, weil man abgenagte Knochen fand. Bei genauer Betrachtung sind sie aber nicht so primitiv, obwohl sie recht wild aussehen. Ihr primitives Aussehen darf uns nicht täuschen, immerhin ist ihr Gehirn relativ groß, nämlich bis zu 1200 cm³. Und an den Knochen waren eindeutig Raubtierspuren!

Der Homo erectus ist ein familiäres Wesen. In großen Familienverbänden teilt er die Arbeit mit anderen und spezialisiert sich bereits. Eine Art sprachlicher Verständigung wird dazu nötig gewesen sein. Deutlich besser als Homo habilis kann er Steinwerkzeuge herstellen. Er fertigt Faustkeile aus Feuerstein, einem spröden, schwer zu bearbeitenden Stoff, und bearbeitet manchmal auch Holz.

Allerdings kennt er Pfeil, Bogen, Lanze oder Fallgrube noch nicht. So bleibt die Jagd ein mühsames Geschäft. Tiere werden in Gruppen bis zur Erschöpfung gehetzt und dann mit großen Felsbrocken erschlagen. Jedesmal ist ein solcher Jagderfolg ein Fest, denn Fleisch ergänzt ihren Energiebedarf. Selten aber haben sie Grund zu feiern, in der Regel ernähren sich die aufrechten Menschen von Pflanzen.

Faustkeil aus Feuerstein

© Verlag an der Ruhr, Postfach 10 22 51, 45422 Mülheim an der Ruhr

Original-Diorama im Niedersächsischen Landesmuseum Hannover, Naturkundeabteilung

Bei verschiedenen Ausgrabungen altsteinzeitlicher Wohnplätze, fand man kreisförmig aufgestellte Mammutschädel. Die Stoßzähne dienten als „Zeltstangen". Rentier- und Riesenhirsch-Geweihe hielten von außen den „Zeltbau" zusammen.

Die Urmenschen werden immer wieder als „Höhlenmenschen" bezeichnet. Das ist eine recht ungenaue Einschätzung. Zwar haben wir soeben bei unseren **Peking-Menschen** gesehen, daß sie in einer Höhle lebten. Eine solche Wohnstätte war aber eher die Ausnahme, weil Höhlen auch gefährlich waren. Oft suchten Raubtiere dort Unterschlupf, man denke an die Höhlenbären. Außerdem waren große Höhlen sowieso unheimlich und dunkel.

Die Urmenschen schlugen daher vorwiegend am Eingang von Höhlen oder im Schutz von Felswänden und Überhängen ihr Lager auf. Dabei bedienten sie sich der bereits erwähnten Materialien. Heraus kamen wohnliche Gebilde wie das oben abgebildete Zelt mit einem „Gestänge" aus Mammutstoßzähnen.

4. Die Neandertaler

Fünfzigtausend Jahre vor unserer Zeitrechnung. In Europa ist die Phase der Eiszeit, die man später Würm-Vereisung nennen wird. Die Tiere haben sich in der Kälte eingerichtet, wie sie es auch heute in polaren Gegenden tun. Mammut und Wollhaarnashorn sind typische Vertreter jener Zeit mit ihrer großen Körperoberfläche und ihrem dichten Haarkleid.

Aber auch der Mensch ist hier zuhause. Aus dem aufrechten Menschen hat sich in einem langen Entwicklungsabschnitt der denkende Mensch entwickelt, der **Homo sapiens neanderthalensis**, der Neandertaler.

Er ist nicht besonders groß, vielleicht 1,50 m, aber sein Körper wirkt kompakt, stämmig und kräftig. Er geht aufrecht wie wir. Manchmal setzt er auch - wie so mancher von uns - ordentlich Fett an - was aber in diesem rauhen Klima sehr sinnvoll ist. Daß er ein schlauer Vertreter der menschlichen Gattung ist, beweist sein Gehirnvolumen, das mitunter größer als unseres ist.

Der Neandertaler ist also keineswegs der „dumme Höhlenmensch", für den man ihn zunächst halten wird. Überhaupt Höhlenmensch: eine sehr ungenaue und wenig zutreffende Bezeichnung. Neandertaler sind umherziehende Jäger. Das schließt eigentlich schon aus, daß Höhlen zu einer richtigen „Wohnung" werden. Klar, bei bitterer Kälte oder auf der Flucht vor einem Unwetter ist dort ein sicherer Ort. Aber auf Dauer in einer so ungemütlichen Felsstube? Nein, danke!

Nur höchst selten werden Forscher daher einmal Reste von Mahlzeiten oder von dauerhaften Feuerstellen in Höhlen finden. Es ist sowieso sinnvoller, wegen der Tiere, Feuer am Höhleneingang zu entfachen.

Als Versammlungsort eignen sich Höhlen aber sehr gut, etwa wenn man die nächste Jagd planen möchte. In anderen Höhlen stampfen sie den Boden regelrecht platt, weil hier der Tanzplatz ist, sozusagen die „Steinzeit-Disco". Und in weiteren Höhlen ist der Boden mit Feuersteinresten bedeckt, weil man hier nämlich in Ruhe das Werkzeugmachen geübt hat. Aber hier wohnen? Da eignet sich doch eine gemütliche Hütte mit warmen Fellen sehr viel besser.

Was machen unsere Freunde denn den lieben langen Tag? Schauen wir doch einmal den Neandertalern über die Schulter und begleiten sie ein wenig in ihrem täglichen Leben. Unsere Kamera sollten wir nicht vergessen, denn es ist einfach erstaunlich, was alles so passiert.

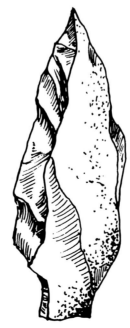
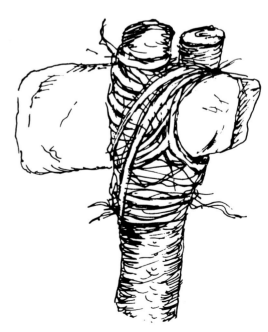

Speerspitze und Beil aus Feuerstein: die Beilklinge ist in eine Astgabel eingepaßt und mit pflanzlichen Fasern befestigt.

Der Lagerplatz

Im Schutze eines steilen, bewaldeten Hanges hat sich eine Neandertaler-Sippe niedergelassen. Dieser Platz bot sich geradezu an, denn ganz in der Nähe fließt ein fischreicher Bach, Wild gibt es im Überfluß, und auch trockenes Feuerholz ist leicht zu finden. Außerdem befindet sich nicht fern von hier ein Felsüberhang, wo hervorragende Feuersteine zu finden sind.

Die Gruppe besteht aus 12 erwachsenen Personen und 5 Kindern. Zwar sind sie umherziehende Jäger und Sammler, aber wenn die Verhältnisse so günstig sind wie hier, dann richten sie sich auch gerne einen gemütlichen Wohnplatz ein, um ein wenig länger zu verweilen.

Sie haben sich eine Hütte gebaut, die recht komfortabel ist. Beim Bau haben sie einfach gewachsene Bäume gekürzt und durch Querstangen miteinander verbunden. Das Dach wurde mit Grassoden und Laub bedeckt und bietet ausreichenden Schutz gegen die Witterung. Die zum Trocknen aufgehängten Felle dienen gleichzeitig als Windfang.

Die Erwachsenen im Lager sind beschäftigt. Die Großmutter ist heute für das Feuer und die Mahlzeit zuständig. Offensichtlich gibt es Fisch. Der Großvater betrachtet eingehend zwei Steine, die er weiterbearbeiten will. Hinter ihm ist eine jüngere Frau damit beschäftigt, ein Stück Leder zu zerschneiden. Ja, und die Kinder verhalten sich genauso wie moderne Kinder auch: Sie springen herum und machen Faxen.

Aber wo sind die anderen Mitglieder der Sippe? Nun, einige Frauen sind unterwegs, um Beeren und Holz zu sammeln. Die jungen, kräftigen Männer aber erledigen das schwere und oft gefährliche Geschäft der Jagd.

Jagd auf den Riesenhirsch

Die Männer sind schon lange im dichten Buschwerk unterwegs. Bisher ist ihre Jagd recht erfolglos gewesen. Gerade wollen sie schon den Heimweg antreten, da bricht dicht vor ihnen aus dem Unterholz ein **Megaloceros** hervor. Der Megaloceros ist der eiszeitliche **Riesenhirsch**, ein massiges Tier. Dieser hier ist allerdings vergleichsweise klein, die Jäger sahen schon größere Exemplare. Der größte Hirsch war 2 m hoch, 2,80 m lang und hatte eine Geweihspannweite von 4 m. Das übertrifft bei weitem die Größe des heutigen kanadischen Elches.

Die Jäger freuen sich über die unverhoffte Gelegenheit, denn ein solcher Fang sichert einen großen Fleischvorrat. Auch das Fell und das Hornmaterial des Geweihs lassen sich gut verwerten. Aber normalerweise gehen die Männer den Großhirsch nicht so direkt an. Er ist zwar ein Grasfresser, aber bei Gefahr kann sein Geweih zur tödlichen Waffe werden. Besser ist es, ihn in eine Falle zu locken oder seine Beine mit Steingeschossen zu brechen.

In diesem Augenblick allerdings bleibt den Neandertalern keine Wahl, sie sind ja nur zufällig dem Tier begegnet. Glücklicherweise haben sie ihre Speere dabei. Die Speerspitzen bestehen bei diesen Holzstangen nicht aus Feuerstein, sondern wurden im Feuer gehärtet.

Schnell wird der Megaloceros umzingelt und von allen Seiten mit heftigen Speerwürfen attackiert. Trotz aller Stärke hat das Tier keine Chance, denn die Jäger haben eine ungeheure Wurfkraft. So endet dieser Jagdtag mit einem großen Erfolg.

Das Zerlegen eines Rentiers

Gleich nach der erfolgreichen Jagd - oft sogar an Ort und Stelle - wird der Fang zerlegt und fortgeschafft. Das ist auch dringend nötig, denn nicht selten finden sich gefährliche Raubtiere ein, um den Jägern die Beute streitig zu machen. Beim Zerteilen sind natürlich auch die Frauen dabei.

Das Fleisch des erlegten Tieres muß im Sommer möglichst schnell verarbeitet oder verzehrt werden. Die Neandertaler wissen, daß sie altes, also verdorbenes Fleisch, nicht mehr essen können. Schon mancher mußte danach entsetzliche Qualen leiden. Über dem Feuer gebraten hält es sich einige Zeit. In der Regel essen sie es aber zügig auf, denn sie brauchen bei ihrem anstrengenden Leben eine Menge Kalorien.

Am Abend versammeln sie sich zum gemeinsamen Mahl um das Feuer. Ihre Art zu essen erinnert an die Eskimos. Die saftigen, gebratenen Fleischstücke nehmen sie zwischen die Zähne und schneiden dann eine passende Portion mit einer scharfen Feuersteinklinge vor den Lippen ab. Dabei muß man gut aufpassen, denn schnell verletzt man sich oder ritzt die Zähne an. Das Mahl am Feuer ist der schönste Teil des Tages.

Das Ren bildet für die Neandertaler den Hauptanteil ihrer Fleischkost. Man trifft es immer in großen Herden an, und das zu allen Jahreszeiten. Egal, ob klirrende Kälte oder Sommerhitze, Rentiere sind stets verfügbar. Manchmal ist die Gruppe einfach der Rentierherde auf ihrer Wanderung gefolgt. Das ist nicht ganz einfach, weil diese Tiere doch große Entfernungen zurücklegen. Auf Dauer also ist das nichts, und man muß sich doch anderen Jagdobjekten zuwenden.

Gefährliches Wollhaarnashorn

Unsere Jäger haben sich heute einen unangenehmen Gegner ausgesucht. Sie wissen nicht so recht, ob sie sich die Jagd zutrauen sollen. Das **Wollhaarnashorn** begegnet ihnen selten, weil es sich im Wald nicht besonders wohl fühlt. Lieber gehen sie ihm aus dem Weg. Wenn es einmal in Fahrt kommt, dann wirkt es auf die Neandertaler wie auf uns heute eine Dampfwalze, der man sich entgegenstellt.

Andererseits ist das Wollhaarnashorn eine wertvolle Beute. Es liefert alles, was das Herz begehrt. Besonders die langen, zotteligen Haare. Sie lassen sich hervorragend zu einer wärmenden Lagerstatt verarbeiten. Und bergeweise Fleisch, von dem die Sippe ja nie genug bekommen kann. Auch die Hörner und die Knochen können für die Herstellung von Werkzeugen verwendet werden. Eine Frau hat zum Beispiel neulich herausgefunden, daß man mit einem spitzen Knochensplitter gut durch Leder hindurchbohren kann. Durch die Löcher können pflanzliche Fasern oder Sehnen gezogen und verschiedene Lederstücke miteinander verbunden werden. Für die Herstellung von Bekleidung sind das ganz neue Möglichkeiten.

Wie also herankommen an dieses riesige Tier? Die Jäger wissen, daß es nicht so gut sehen kann, andererseits hat es einen ausgezeichneten Geruchssinn. Die Erfahrung ihrer Sippenältesten hat sie gelehrt, daß sie sich Tieren am besten immer gegen die Windrichtung nähern müssen. Unsere beiden hier haben aber offenbar das Gefühl, daß sie heute kaum Erfolg haben werden. Zwei Jäger sind für ein solch großes Nashorn eben zu wenig. Da ist es sicherer, sich einmal vornehm zurückzuziehen. Mit mehr Männern klappt's beim nächsten Mal gewiß besser.

Kampf gegen den Giganten

Was die Jagdgesellschaft hier veranstaltet, ist das gefährlichste Unternehmen überhaupt. Es ist eher eine Mutprobe, denn das **Mammut** ist das gewaltigste Tier ihres Lebensraumes. Zudem trifft man es fast nie allein an, sondern immer in größeren Herden, die sehr wehrhaft sind.

Trotzdem - kein Lebewesen kann den Urmenschen auf Dauer entgehen. Mit Überlegung und Geschick halten sie die Gefahr möglichst klein. Zuerst halten die Jäger Ausschau nach alten oder kranken Tieren. Hat man eines entdeckt, wird es von der Herde getrennt und in die gewünschte Richtung getrieben, denn auch diese riesigen Tiere haben natürlich Angst vor den fremdartigen Menschenwesen, die soviel Lärm veranstalten und mit langen Stangen herumfuchteln.

Die Jäger haben vorher eine Falle vorbereitet. Das ist aber nicht etwa eine Fallgrube, wie es heute oft behauptet wird. Eine Fallgrube auszuheben ist für die eiszeitlichen Menschen schier unmöglich, da der Boden dauerhaft vereist ist. Nur an der Oberfläche taut er im Sommer auf, an manchen Stellen wird ein Schlammloch daraus.

Ein solches Loch haben die Jäger ausgesucht und Äste darübergelegt. So entsteht für das Mammut eine Stolperfalle, aus der es sich nicht schnell genug wieder befreien kann. Manchmal brechen die Tiere sich auch die Beine, wenn sie mit hohem Tempo in eine solche Falle hineinlaufen.

Nun haben die Jäger leichtes Spiel. Aber sie müssen aufpassen, denn nicht selten kommen weitere Mammute von hinten, um dem bedrängten Artgenossen beizustehen.

Faustkeile

Faustkeile waren Mehrzweckwerkzeuge. Sie konnten zum Schlagen, Spalten oder Graben (a), zum Schneiden (b) und zum Abschaben der Felle und Glätten der Speere (c) gebraucht werden.

a)

b)

c)

Knochen

Dieser Unterarmknochen eines Wollnashorns diente einem Neandertaler als Arbeitsfläche (Amboß). Deutlich sind die Schlag- oder Schneidespuren zu erkennen.

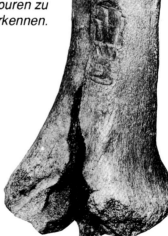

Der Faustkeil oben in der wissenschaftlichen Zeichnung.

Dieser Beitrag stammt aus dem P.M.-Magazin 9/91. Der Abdruck erfolgt mit freundlicher Genehmigung von P.M./Gruner + Jahr Verlag.

Neandertaler wie du und ich

Wie uns die vorzeitlichen Bewohner eines Tales bei Düsseldorf immer näherrücken

Wer waren die Neandertaler? Vor einhundert Jahren war noch alles klar: primitive Primaten, die von höherstehenden Konkurrenten verdrängt und ausgerottet wurden. Später kamen Zweifel auf, und jetzt stellt sich heraus: Moderne Menschen der Art Homo sapiens haben jahrzehntausendelang neben - und vielleicht mit Neandertalern gelebt.

Ein Neandertaler in der U-Bahn - würde er auffallen? Hier hat der Zeichner eine fast schon extreme Gesichtsform gewählt. Viele Forscher glauben, es gab auch im Gesicht kaum Unterschiede.

Neues aus der Mittelsteinzeit

Sie waren die ersten, die aus dem Dunkel unserer Vorgeschichte auftauchten: Als im Jahre 1856 in eine steil abfallende Schlucht über der Düssel im Neandertal eine Kalksteinhöhle gesprengt wurde, fanden Arbeiter in einer Erdschicht weißliche Knochen. Nur die größten Stücke davon sammelten sie auf: eine Schädeldecke, zwei Oberschenkel- und zwei Oberarmknochen, eine Beckenhälfte und fünf Rippen.

rachitisch - von Rachitis = Stoffwechselkrankheit, die zu Knochenerweichung führt

pathologisch = krankhaft

spektakulär = aufsehenerregend

Immerhin sieben Jahre brauchten die Wissenschaftler, bis feststand, daß diese Teile eines menschlichen Skeletts nicht etwa von einem rachitischen mongolischen Kosaken stammten, der auf der Flucht vor Napoleons Armee sein Leben verlor; auch nicht von einem pathologischen Idioten; ebensowenig war es ein tierischer Wilder, wie manche vermuteten. Bei genauerer Untersuchung der Fundstelle entdeckte man in derselben Erdschicht auch primitive Steinwerkzeuge. Nun bestand kein Zweifel mehr: Hier waren die Überreste eines frühen Menschentyps entdeckt worden.

Drei Jahre nach dem spektakulären Fund - 1859 - veröffentlichte der englische Naturforscher Charles Darwin sein Hauptwerk „Von der Entstehung der Arten", das auch die Abstammung des Menschen behandelt. Starker Tobak für die Zeitgenossen: Nicht nur, daß sie sich plötzlich ins Tierreich eingeordnet wiederfanden - die Abstammung von diesem häßlichen, grobschlächtigen Geschöpf aus dem Neandertal war denn doch zuviel. Sie konnten sich dieses Lebewesen nur als dumm und brutal vorstellen, ungefähr als Gegenteil dessen, was sie als geistige Elite der Schöpfung bezeichneten.

Dreißig Jahre nach dem Fund im Neandertal - 1886 - wurden in der belgischen Höhle von Spy zwei weitere Skelettfragmente entdeckt, wieder zusammen mit steinzeitlichen Faustkeilen und Blattspitzen. Nun war endgültig klar, daß nicht die Rachitis jene monströsen Überaugenwülste an den ausgegrabenen Schädeln verursacht hatte, sondern daß es sich hier um das charakteristische Merkmal eines Frühmenschen handelte, denn auch die beiden neuen Funde zeigten jene Prägung, die bald als typisch für den „klassischen Neandertaler" in die Anthropologie eingehen sollte: große, runde, knöcherne Augenhöhlen, große Nasenöffnungen, vorspringender Oberkiefer ohne Wangengrube; und besonders auffallend der große Gesichtsschädel mit der fliehenden Stirn, stark hervortretende Überaugenwülste, ovaler Schädelquerschnitt und das „fliehende Kinn", das im Gegensatz zum Profil des modernen Menschen noch kaum nach vorn gewölbt ist.

Die Knochen des Neandertalers waren - relativ zur Körpergröße - besonders dick: Männliche Neandertaler waren höchstens 155 bis 160 Zentimeter groß, die Frauen entsprechend kleiner. Und noch etwas zeichnete diese Frühmenschen aus, was nach den ersten Funden etwas irritierte: Das Gehirnvolumen betrug bis zu 1600 Kubikzentimeter - also 200 mehr, als der heutige Mensch im Durchschnitt vorweisen kann.

Was dann 1908 in einer Höhle bei La Chapelle-aux-Saints in Frankreich gefunden wurde, hat das Ansehen des Neandertalers einerseits etwas verbessert, andererseits aber hoffnungslos verschlechtert. In der Mitte der Höhle entdeckten die Archäologen in einer Grube zum ersten Mal ein vollständig erhaltenes Neandertaler-Skelett. Die Rekonstruktion seines Körperbaus ergab ein menschliches Lebewesen mit eingeknickten Knien, nicht voll aufgerichteter Rumpfhaltung, nach vorn hängendem Schädel und krummer Wirbelsäule. Aber der für uns unansehnliche Typ scheint immerhin schon ein Seelenleben gehabt zu haben.

Der Kopf des Toten war mit einer Knochenplatte bedeckt, offensichtlich, um ihn zu schützen. Um ihn herum lagen Steingeräte, ein Rinderfuß, Unterkiefer und Teil der Wirbelsäule eines Rentieres und fein verteilte Ockerstücke. Offenbar hat der Neandertaler seine Toten nicht nur bestattet, sondern ihnen auch schon Grabbeigaben mitgegeben. Die Wissenschaftler spekulierten: Haben diese Wesen vielleicht schon an ein Weiterleben nach dem Tod geglaubt?

In der ersten Hälfte unseres Jahrhunderts tauchten immer mehr Funde der wulstigen Urmenschen auf - nicht nur in Deutschland und Nordeuropa, sondern auch in Frankreich, Spanien, Italien, Jugoslawien, Irak, China, Java, Nordrhodesien und Israel. Insgesamt hat man bisher die Überreste von mehr als 200 Neandertalern gefunden.

Inzwischen wissen die Anthropologen, daß das krumme Skelett von La Chapelle-aux-Saints alles andere als typisch für diesen Menschenschlag war: Genauere Untersuchungen ergaben neue Fakten. Das Skelett stammte von einem rachitischen alten Mann, und es war nach der Ausgrabung auch noch falsch zusammengesetzt worden.

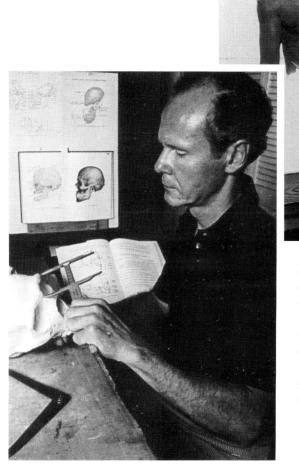

Anthropologe Jay Matternes beim Vermessen der Augenpartie eines klassischen Neandertalers (links). Nach neuestem anatomischen und physiologischen Wissen zeichnet er ein neues Bild von diesem Steinzeitmenschen. Als unser Zeitgenosse würde er kaum auffallen (oben).
(anatomisch - von Anatomie = Lehre vom Körperbau; physiologisch - von Physiologie = Lehre von den Lebensvorgängen)

Und schon folgte der nächste Schock. In Krapina (Kroatien) machten Archäologen eine „grausige" Entdeckung: In einer Erdschicht fanden sie - neben angebrannten Tierknochen - über 600 wirr durcheinanderliegende menschliche Knochen von mindestens 24 Individuen. Auch die Menschenknochen hatten Brandspuren. Teilweise waren sie aufgebrochen, und das Mark fehlte - „herausgesaugt" lautete die abenteuerliche Vermutung einiger Wissenschaftler.

War man hier Kannibalen auf die Spur gekommen? Der Fund läßt sich auch anders deuten, wie der renommierte Frühgeschichtler Hermann Müller-Karpe* schreibt: „Von »weggeworfenem Mahlzeitabfall« kann angesichts der Fundverhältnisse nicht die Rede sein. Sicher ist, daß Menschen wiederholt an dieser Stelle längere oder kürzere Zeit rasteten. In den Zwischenzeiten hausten Tiere dort; und mitunter scheint sogar Hochwasser die Halbhöhle erfaßt zu haben. Berücksichtigt man zudem die angewandte, wenig sorgfältige Grabungsmethode, so muß man durchaus mit der Möglichkeit rechnen, daß die Menschenknochen zu regelrechten Bestattungen gehörten, die von Tieren durchwühlt und zerstört wurden. Die Brandspuren können sowohl davon herrühren, daß die Toten auf noch glühende Herde gebettet wurden, als auch davon, daß später an der betreffenden Stelle ein Herdfeuer entzündet wurde."

Auch einige Funde von aufgebrochenen Hirnschädeln, aus denen der kannibalische Neandertaler das Hirn herausgeholt und verspeist haben soll, werden heute anders eingeschätzt. Nicht Neandertaler, sondern Hyänen, deren Nagespuren man nun entdeckt hat, waren die Hirnfresser.

Schädel eines Homo sapiens sapiens und eines Homo sapiens neanderthalensis (rechts) mit großem Gesichtsschädel, Überaugenwülsten, runden Augenhöhlen, fliehender Stirn und fliehendem Kinn. Warum war sein Gehirnvolumen größer als unseres?

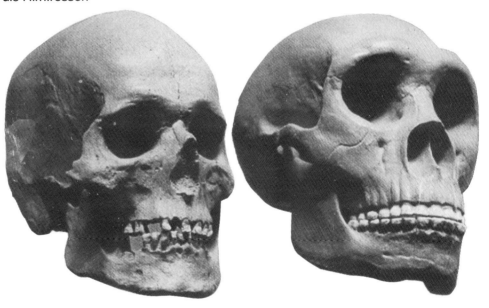

Trotzdem sind nicht alle Funde aufgebrochener Schädel so zu erklären. In einigen Fällen wurde mühsam das Hinterhauptloch, die Öffnung für die Wirbelsäule, erweitert und daraus das Gehirn entfernt. Warum haben sie den Schädel nicht zertrümmert? Wollten sie ihn möglichst wenig beschädigen? Und hofften sie, durch das Verzehren des Gehirns die Stärke oder das Wissen ihres toten Stammesmitglieds zu erlangen?

Erst in den fünfziger Jahren entdeckte man in der irakischen Höhle von Shanidar eine Begräbnisstätte, die geradezu vom empfindsamen Seelenleben der Neandertaler zeugt: Man fand das gekrümmte Skelett eines Mannes, dessen Leiche wahrscheinlich auf Farnblätter gebettet und mit sieben Blumenarten (die Pollen waren noch erhalten) geschmückt wurde: Schafgarbe, Kornblume, Distel, Spitzwegerich, Zwerghyazinthe, Waldfarn und Malwe. Noch heute sind diese Pflanzen im Irak Heilmittel.

* Hermann Müller-Karpe: „Handbuch der Vorgeschichte", Band 1; Verlag C.H. Beck

Neandertalerfrauen in einer Ausstellung in Nürnberg. Ein moderner Homo sapiens rückt die Großmutter ans Feuer. Wichtig: das ausgeprägte Familienleben.

Wahrscheinlich waren es also Neandertaler, die als erste ihre Toten bestatteten. Aber was war ihr Motiv? Wollten sie sie vor wilden Tieren schützen, weil sie glaubten, daß die Toten an einem unbekannten Ort weiterlebten? Jedenfalls gaben sie ihnen Ketten aus Muscheln oder Eckzähnen von Fuchs und Hirsch mit ins Grab, Steinwerkzeuge und vermutlich auch Nahrung. Manchmal bestreuten sie ihre Toten auch mit rotem Ocker, vielleicht ein Symbol für das Blut, Merkmal des Lebendigen, das sie den Toten zurückgeben wollten ...

Aber aus den Knochen sind noch andere wichtige Dinge abzulesen: zum Beispiel, daß diese primitiven Menschen für ihre Kranken sorgten, und zwar weit mehr, als es höhere Tierarten tun, wenn sie Wunden lecken. Ein Neandertaler hatte einen gebrochenen Unterarm, der nicht mehr richtig zusammengewachsen war. Bei einem war sogar der Unterarm amputiert, und ein Bein war verkrüppelt. Ein anderer hatte eine mißgebildete Hüfte und muß stark gehbehindert gewesen sein, auch gebrochene Rippen kommen vor.
Trotz dieser Behinderungen müssen diese Menschen noch jahrelang gelebt haben - als Einzelgänger hätten sie das nie geschafft.

Offenbar folgten diese Lebewesen auch schon bestimmten Ritualen: Die Anordnung der Knochen und Grabbeigaben in zahlreichen Fundstätten deuten darauf hin. Unter welchen Begleitumständen wurde wohl der Knabe begraben, dessen Kopf man in einer Höhle nahe Tesik-Tas in Usbekistan fand? Kreisförmig um den Kopf herum waren fünf Hörnerpaare von Bergziegen in den Boden gebohrt.

Oder was geschah vor rund 50 000 Jahren im sogenannten **Drachenloch** im schweizerischen **Taminatal**? Im hinteren Teil der 70 Meter tiefen Höhle fand man Knochen von Hunderten junger Höhlenbären. Zunächst glaubte man, daß sie in bestimmter Anordnung dalägen, und die lebhafte Phantasie der ausgrabenden Wissenschaftler vermutete, daß die Neandertaler die Höhlenbären in einem besonderen Kult verehrten. Wie kämen sonst die Bärenschädel in die aus Steinen zusammengesetzten „Kisten"? Inzwischen kann man die Bärenknochenfunde aber ganz natürlich erklären, ohne Zutun von Neandertalern oder anderen Menschen.

Jahrtausendelang zogen sich die Bären zum Überwintern in Höhlen zurück. Da die Sommer wegen der näherrückenden letzten Eiszeit immer kürzer wurden, gab es für Bären immer weniger zu fressen, und viele konnten sich nicht mehr genügend Speck als Wintervorrat anfressen. Sie verhungerten im Schlaf, ihre Knochen häuften sich in den Höhlen an. Weil immer wieder Kalk und Lehmschichten von der Höhlenwand herabfielen, konnte es so aussehen, als ob Bärenschädel in steinernen Kisten begraben wären. Auch wenn es keine Spuren für einen Bärenkult der Neandertaler gibt, „Respekt" hatten sie sicher vor den riesigen Höhlenbären.

Selbst wenn sie manche Bären im Winterschlaf überraschen konnten - die meisten Exemplare mußten sie, mutig oder listig, im Kampf besiegt haben. Entweder haben sie zu mehreren den Bären, der sich bei Bedrohung aufrichtete, mit dem Wurfspeer attackiert, oder sie ließen von oben gerade in dem Augenblick einen Felsbrocken auf den Höhleneingang hinabfallen, als sich der Bär hineinflüchten wollte.

Sicher haben die Menschen damals den Bären gefürchtet; trotzdem gelang es ihnen, diese gefährlichen Gegner und andere wilde Tiere aus den Höhlen zu vertreiben, um sie selbst für ihre Zwecke in Besitz nehmen zu können.

So ähnlich könnte es ausgesehen haben, wenn Neandertaler mit hölzernen Stoßlanzen, die eine scharfe Blattspitze trugen, einen Höhlenbären angriffen.

Nach Meinung vieler Forscher wurden die Höhlen erst nutzbar, nachdem der Mensch gelernt hatte, mit dem Feuer umzugehen. Feuer vertrieb die Raubtiere und brachte Wärme in die feuchte Stätte. Vermutlich konnte der Neandertaler das Feuer nicht nur bewahren, sondern es auch schon entfachen. An einigen Wohnplätzen fand man Schwefelkiesknollen, die, auf Feuerstein geschlagen, Funken sprühen.

Ihre Lager schlugen sie aber an Höhleneingängen oder auf Höhlenvorplätzen auf, am liebsten an Flußufern. Im **Ilmtal** nahe **Weimar** hausten sie offenbar sogar auf einer Flußinsel. Im **südrussischen Molodova** fand man ein zehn Meter langes und sieben Meter breites Oval aus Mammutknochen, offenbar die Stützen einer Hüttenwand, die mit Fellen behangen war.

Besonders komfortabel hausten die Neandertaler in der Eifel: Wie Burgen überragten die Vulkankegel der Eifel ihre Umgebung. Beim Abbau der Lava für Baumaterialien entdeckte man in den sechziger Jahren allerlei Neandertaler-Werkzeuge und Tierknochen. Die Kratermulde im Inneren des damals schon lange erloschenen Vulkans „**Plaidter Hummerich**" südlich von **Andernach** war unter Eiszeitbedingungen ein idealer Lagerplatz: Der Kratersee lieferte Trinkwasser, das Lavagestein speicherte Sonnenwärme, und der umgebende Kraterwall bot einerseits Schutz vor der Witterung und andererseits einen weiten Ausblick auf herannahende Tierherden.

Die zehn „Jagdburgen" der Neandertaler, die die Forscher unter der Leitung von Professor Gerhard Bosinski vom Forschungsinstitut für Vor- und Frühgeschichte in Neuwied inzwischen entdeckt haben, bieten für eine Untersuchung besonders günstige Bedingungen. Die geschützte Kratermulde wird vergleichsweise schnell mit Löß und anderem Sand aufgefüllt. Siedlungsspuren wurden dadurch gut konserviert. So lassen sich die Funde gut datieren. Pflanzenpollen im Löß liefern das zugehörige Landschaftsbild. Im ältesten Vulkan dieser Gruppe fanden die Forscher sogar noch Spuren des **Homo erectus**.

Da es in den Vulkankratern nur poröse Lava gibt, die zur Werkzeugherstellung extrem ungeeignet ist, sind alle hier gefundenen Steine besonders interessant. Sie müssen ja von Menschen hinauftransportiert worden sein. Große Blöcke von Quarz, Quarzit und Schiefer, an denen man noch die Spuren primitiver Bearbeitung erkennen kann, waren von den Neandertalern auf den Vulkan geschleppt worden.

Am „**Schweinskopf**", einem typischen Eifelvulkan, fand man einen Doppelschaber aus Kieselschiefer, wohl ein Mitbringsel aus dem Rheintal; andere Werkzeuge waren aus Feuerstein aus dem Gebiet um Maastricht. Auf dem „Plaidter Hummerich" fand man Faustkeile und Blattspitzen aus dem Ruhrgebiet.

Der „Schweinskopf", einst Jagdburg für Neandertaler.

Aus derartigen Funden schließen die Forscher, daß die Neandertaler in den Steppenlandschaften der Kaltzeiten ein Gebiet von hundert Kilometern durchwandert haben.

Immer mehr Funde und immer bessere Untersuchungsmethoden haben das Bild vom Neandertaler in den letzten Jahrzehnten gründlich korrigiert und verdeutlicht. Er ist nicht mehr der dumme Tölpel, als den ihn noch unsere Großväter sahen. Daß er sprechen konnte, gilt inzwischen als erwiesen. Ein kleines, nur 3,5 Zentimeter langes Knöchelchen, das Zungenbein, das bei einem Neandertaler aus der **Kebara-Höhle** am **Berg Karmel** in **Palästina** festgestellt werden konnte, beweist es.

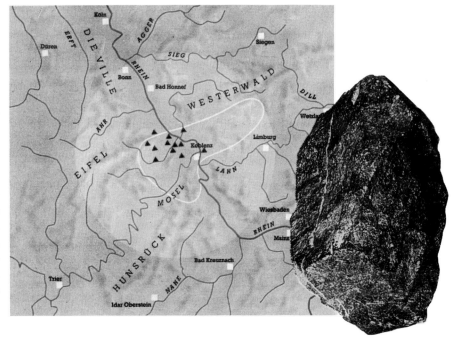

Die Karte zeigt die Fundstelle von Werkzeugen, Knochen und Feuerstellen rund um die Vulkankrater der Eifel, die Neandertaler zurückgelassen haben. Ihre Steinwerkzeuge stammen aus Gebieten, die bis zu 100 Kilometer entfernt waren (heller Kreis). Den Quarzitblock (rechts) haben sie als Steinvorrat auf den Krater geschleppt, denn die Vulkanschlacke taugt nicht für Werkzeug.

Das Zungenbein des Neandertalers war unserem schon recht ähnlich: Es war durch Muskelstränge und Sehnen mit dem Unterkiefer, der Zunge und dem Kehlkopf verbunden und bewirkte, daß sich der Kehlkopf beim Bilden von Vokalen und Konsonanten auf- und abwärts bewegen konnte. Dies ist die Voraussetzung zur Artikulation menschlicher Sprachlaute.

Nachdem die Forscher dem Neandertaler zunächst gar keine Sprache zugetraut hatten, vermuten sie nun, er habe zwar sprechen, aber nicht so gut artikulieren können wie der moderne Mensch; und seine Stimme sei näselnd gewesen. Ob das nun die gültige Antwort ist, werden erst die Forschungen der nächsten Jahrzehnte beweisen müssen - schließlich hat man schon Schlimmeres von Neandertalern behauptet.

Selbst wenn man diesen Steinzeitmenschen nicht am Näseln erkannt hätte - verräterisch wäre ein Lacher mit weit offenem Mund gewesen: Nur Neandertaler hatten eine Lücke zwischen dem letzten Mahlzahn (der heute bei vielen als Weisheitszahn für Aufregung sorgt) und dem aufsteigenden Kieferast.

Aber es wird von Jahr zu Jahr schwerer, den Neandertaler zu beschreiben. Aus der Vielzahl der Funde in Europa, Asien und Afrika wird immer deutlicher, daß es außer dem „klassischen" auch noch andere Typen dieser Gruppe von menschlichen Lebewesen gibt.

Bei genauerem Hinsehen entdeckt man nicht nur, daß die typischen Neandertaler-Merkmale an den Skeletten verschieden stark ausgeprägt sind; an vielen Schädeln erkennt man inzwischen auch Mischformen zwischen dem **Homo sapiens sapiens** und dem **Homo sapiens neanderthalensis**.

In **Oberkassel** bei **Düsseldorf** fand man einen Schädel mit den charakteristischen Augenhöhlen des Neandertalers, aber einem nach vorn gewölbten Kinn. Ein Schädel aus **Chancelade** in **Südfrankreich** hat ebenfalls ein „Positiv-Kinn", aber ein Gehirnvolumen von 1750 Kubikzentimetern, also weit über dem Durchschnitt des modernen Menschen.

Aus **Pschedmost** in **Mähren** stammt ein Männerschädel mit Überaugenwülsten, aber einem Positiv-Kinn; einen ähnlichen fand man in **Afaloubou-Rhummel** in **Nordafrika**; ein anderer Männerschädel aus **Combe Capelle** in **Südfrankreich** hat keine Überaugenwülste mehr, aber noch ein fliehendes Kinn.

Auch bei den modernen Menschentypen gab es von Anfang an Variationen, örtliche Ausprägungen und Übergänge aller Art, die von Forschern verschieden eingeordnet werden. Mit der Zeit regten sich immer mehr Zweifel, ob es den Neandertaler - allein auf seinem aussterbenden Evolutionsast - überhaupt gegeben hat.

Neue Aufregung entstand nun durch eine Revision der Daten, die bisher für bestimmte Menschenfunde in israelischen Höhlen galten. Französische und israelische Forscher fanden heraus, daß Überreste des frühen modernen Menschen (»**Proto-Cromagnon**«) aus der Höhle **Kafzeh** bei **Nazareth** etwa 92 000 Jahre alt sind; die Knochenfunde in der Höhle von **Skhul** am Berg **Karmel** sind rund 90 000 Jahre. Das ist immerhin 50 000 Jahre früher, als man den modernen Homo sapiens bisher in diesen Gebieten vermutete.

Das wirft nun spannende Fragen auf. Im Zeitraum zwischen 135 000 und 35 000 Jahren vor der Gegenwart lebte auch der Neandertaler. Immerhin hat er es inzwischen bis zum **Homo sapiens neanderthalensis** gebracht, soll aber nach Meinung maßgeblicher Forscher nichts zum Erbgut des **Homo sapiens sapiens** beigetragen haben.

Sind sich die beiden Menschentypen nie begegnet? Wenn doch, wie sind sie dann miteinander umgegangen? Sind sie voreinander erschrocken, oder waren sie sich am Ende so ähnlich, daß sie gar nicht zu erschrecken brauchten? Haben sie in manchen Gebieten sogar miteinander gelebt?

Die jüngsten Rekonstruktionen des Neandertalers, die der amerikanische Paläoanthropologe **Jay Matternes** nach neuestem Wissen über anatomische Besonderheiten und den muskulären Aufbau des Körpers entwarf, zeigen den Frühmenschen als kräftigen, sonst aber recht unauffälligen Zeitgenossen.

Aber wenn es um solche Verallgemeinerungen einer bestimmten Entwicklungsstufe des Menschen geht, müssen sich die Wissenschaftler auch fragen: Wie sieht eigentlich ein „klassischer" Homo sapiens von heute aus? Repräsentiert ihn eher Arnold Schwarzenegger oder Michael Jackson, eher ein Watussi aus Ruanda oder ein Berber aus dem Rif-Gebirge; oder kommen ihm doch die Inder am nächsten? „Könnten wir die Menschheitsgeschichte in ihrer Gesamtheit sehen, so wären wir wahrscheinlich gar nicht auf den Gedanken gekommen, eine solche Klassifizierung vorzunehmen", sagt Josef Zickler, ein Experte für Frühgeschichte. „Die Gehirngröße als Kriterium dafür, den Neandertaler als eigene Art zu betrachten, hält einer strengen Überprüfung nicht stand. Heutige Chinesen haben im Durchschnitt 1500 Kubikzentimeter Gehirnvolumen, also mehr als der durchschnittliche Europäer. Sogar der Jungpaläolithiker von Chancelade hatte 1750 Kubikzentimeter Gehirnvolumen, war aber nur 146 Zentimeter groß. Eine Übergangsform."

Bisher haben sich noch alle Menschenrassen vermischt, wenn sie aufeinandertrafen. Wenn europäische Kolonialherren auf die Eingeborenen anderer Kontinente stießen, gab es alsbald Mischlingskinder.

Einen „merkwürdigen, in die Vorgeschichte projizierten Rassenwahn" nennt der Autor Wolf Schneider den Versuch vieler Anthropologen, den Neandertaler aus unserer direkten Abstammungslinie herauszuhalten. Der australische Nobelpreisträger John Eccles geht sogar noch einen Schritt weiter: „Mit moderner Kleidung und Frisur versehen, würde er heute höchstwahrscheinlich überhaupt nicht auffallen..."

Da, wo Homo sapiens sapiens und Homo sapiens neanderthalensis aufeinandertrafen, werden sie sich wohl vermischt haben. Und einige isolierte Neandertaler-Stämme mögen tatsächlich ausgestorben sein. Vielleicht hat sich in Europa auch eine Neandertaler-Rasse herausgebildet, die an eiszeitliche Bedingungen optimal angepaßt war. Und weit und breit war kein moderner Mensch zu sehen, mit dem sie sich hätten vermischen können. Denn diese tauchten ja, jedenfalls nach heutigem Kenntnisstand, erst vor 35 000 Jahren in Europa auf.

Selbst wenn wir also von einem mehr oder weniger friedlichen Zusammenleben von zwei unterschiedlichen Menschenarten und ihrer Vermischung ausgehen, ergeben die neuen Datierungen aus Israel neue Rätsel:

Wenn schon vor 90 000 Jahren moderne Menschen im Gebiet des heutigen Israel lebten - warum sind sie dann nicht schon früher nach Europa aufgebrochen? Hatten sie dort so ideale Lebensbedingungen, daß sie gar nicht auf die Idee kamen? Oder war damals schon Kunde vom unwirtlichen eiszeitlichen Mitteleuropa zu ihnen gedrungen? Wohl kaum.

Aber wie haben sie wohl gelebt? Bisher gibt es keine Kunstzeugen aus dieser Zeit. In keiner dieser frühesten menschlichen Behausungen wurden Höhlenmalereien oder Ritzzeichnungen entdeckt - aber gerade das hat man doch auch dem Neandertaler zu seinem Nachteil ausgelegt.

Auch bei heutigen Menschen hat die Evolution ihr Werk noch nicht vollendet. Aber im Gegensatz zum Neandertaler können wir beurteilen, wie ein „fortschrittlicher" Mensch aussieht. Wieder ist er beim Lachen zu erkennen: Es gibt einen Trend zur Verringerung des Kieferraums. Langfristig nimmt die Zahl der Zähne ab. Bei den fortschrittlichsten Gruppen kommen die Weisheitszähne gar nicht mehr aus dem Zahnfleisch heraus.

Und wohin ist er nun entschwunden, der klassische Neandertaler mit seinen Überaugenwülsten und seinem fliehenden Kinn? Vielleicht schauen sie sich einmal in der U-Bahn um, im Fußballstadion oder in Ihrem Fotoalbum.

Woran erkennen Forscher das Alter eines Fundes?

Die bekannteste Datierungsmethode beruht auf dem Zerfall des radioaktiven Kohlenstoff-Isotops C 14 (**Radiokarbonmethode**). Ihr Nachteil: Das Fundstück muß für die Prüfung zerstört werden. Außerdem ist die Zerfallszeit des C-14-Isotops für viele Untersuchungen nicht lange genug. Nach 50 000 Jahren ist nur noch so viel C 14 vorhanden, daß eine genaue Datierung unmöglich wird. Dann hilft das **Kalium-Argon-Verfahren** weiter, das auf dem radioaktiven Zerfall von Kalium 40 beruht. Damit lassen sich auch noch sehr frühe Funde datieren.

Eine andere Methode, das genaue Alter von Frühzeitfunden zu bestimmen, beruht darauf, die Menge der instabilen Spaltspuren von Uran festzustellen. Ist auch nicht genügend Kalium oder Uran in der Probe enthalten, kann man das **Magnetfeld der Erde** zu Rate ziehen. Im Verlauf der Zeit ändert es seine Richtung und Intensität. Wenn sich nun Erdschichten ablagern, nimmt das darin enthaltene Metall die Richtung des zur Zeit herrschenden Magnetfelds an und behält sie bei, versteinert sie gewissermaßen. Das ergibt eine zusätzliche Zeitskala für die Datierung von Gesteinsschichten.

Das **Thermoluminiszenz-Verfahren** benutzt die ionisierende Wirkung der natürlichen Radioaktivität. Durch sie werden Sand und Gestein verändert. Erhitzt man die Probe, so stellt sich unter Luminiszenz (durch kalte Strahlen hervorgerufene Lichterscheinung) der frühere Zustand wieder her: Je heller die Probe leuchtet, um so älter ist sie.

Ganz neue Hoffnungen stützen sich nun auf **Gentechnik-Methoden**. Prinzipiell ist es möglich, das Genom eines Lebewesens aus jeder beliebigen Zelle zu bestimmen. An uralten Mumien ist das bereits gelungen. Sobald das Genom des Neandertalers oder irgendwelcher anderer Vorläufer des modernen Menschen zu bestimmen ist, könnten alle Kontroversen um die menschliche Abstammung beigelegt werden. Voraussetzung für eine gentechnische Analyse ist aber, daß man den Zellkern einer Zelle findet - bei prähistorischen Knochen, die stark degeneriert sind, ein großes Problem, an dem gerade geforscht wird.

Ende des P.M.-Beitrages

5. Der moderne Mensch

Fünfunddreißigtausend Jahre vor unserer Zeitrechnung. Die Würm-Vereisung hat ihren Höhepunkt überschritten. Die klimatischen Bedingungen für die Lebewesen verbessern sich.

Überall auf der Welt taucht ein neuer Menschentyp auf: **Homo sapiens sapiens**, der zweifach wissende Mensch. In Europa wird er als **Cro-Magnon-Mensch** bezeichnet nach dem Ort **Cro-Magnon** - einer Halbhöhle in der **Dordogne** in **Frankreich**. In dieser Halbhöhle findet man 1868 das erste Skelett dieses Menschheitsvertreters.

Der Neandertaler ist nicht mehr so häufig anzutreffen. Wie wir bereits gesehen haben, gehen die Meinungen der Forscher auseinander, ob Neandertaler und Cro-Magnon-Mensch miteinander verwandt sind. Sie begegnen sich aber doch hin und wieder bei ihren Jagdgeschäften. Äußerlich unterscheiden sie sich schon. Der Cro-Magnon ist größer, im Knochenbau graziler, die Überaugenwülste fehlen, sein Kinn ist ausgeprägt, der Mund springt nicht so weit vor, und seine Nase ist schlanker. Eigentlich sieht er genauso aus wie wir Menschen heute. Der Mensch von Cro-Magnon hat die letzte Stufe der menschlichen Evolution erklommen.

Auch für die Cro-Magnon-Menschen ist die Jagd noch die wichtigste Beschäftigung. Auch bei verbesserten Klimabedingungen können sie sich von Pflanzen allein kaum ernähren. Immerhin herrschen in Mitteleuropa im Juni noch Durchschnittstemperaturen von 11 °C. Die Vegetation entspricht weitgehend den Tundren nördlicher Breiten.

Die Jagdmethoden und -waffen hat der Cro-Magnon-Mensch sehr verfeinert. Speere sind weiterhin gebräuchlich. Später wird er auch Pfeil und Bogen benutzen. Die Treibjagd ist sehr beliebt und erfolgreich. Ganze Tierherden werden auf Abgründe zu getrieben und stürzen in den Tod. Auch Schleudersteine und Lassos aus Lederstreifen finden Verwendung. Fallen in Form von Erdgruben oder herabstürzenden Baumstämmen werden angelegt.

Die Jagdtiere dieser Zeit sind seltener Mammut und Wollhaarnashorn. Häufiger werden Wildpferde gejagt, aber auch Höhlenlöwen, Höhlenbären und Höhlenhyänen. Auch der Riesenhirsch ist wichtig, aber den größten Anteil an der Jagdbeute stellt das Rentier. Urrinder und Bisons, Schneehasen und Murmeltiere, Gemsen und Antilopen runden das Bild ab.

Auf vielfältige Weise weiß der Cro-Magnon-Mensch die erlegten Tiere zu verwerten. Neben dem Fleisch sind die Felle besonders begehrt. Sie werden regelrecht bearbeitet, getrocknet, ja sogar mit pflanzlichen Substanzen gegerbt. Aus den Geweihen und Knochen entwickeln die Jäger feine Harpunen, Pfeilspitzen und Nadeln.

Die Zeit des Cro-Magnon-Menschen ist die jüngere Altsteinzeit. Sie läßt sich in drei voneinander unterscheidbare Kulturstufen aufteilen, die nach den Fundorten der Werkzeuge und kulturellen Gegenstände benannt wurden:

1. Aurignacien	> 40 000 - 20 000 Jahre	vor unserer Zeit
2. Solutréen	> 20 000 - 16 000 Jahre	vor unserer Zeit
3. Magdalénien	> 16 000 - 12 000 Jahre	vor unserer Zeit

Über die Cro-Magnon-Menschen wissen wir deswegen heute so viel, weil sie uns gewissermaßen ihr „Tagebuch" hinterlassen haben. Erstmals in der Geschichte der Menschheit bildet der Mensch nunmehr ab, was ihn bewegt. In zahllosen Darstellungen hat er Kunde davon hinterlassen.

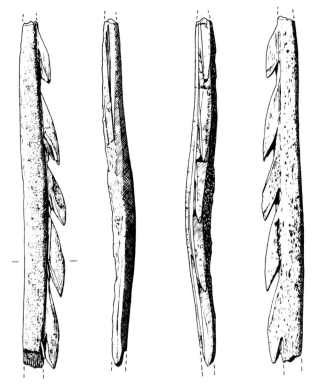

Geweih

Links: *Fragment einer Harpune aus dem Rhein-Herne-Kanal. Das Fundstück wurde aus Rothirschgeweih gearbeitet.*

Unten: *Rothirschgeweih-Axt. Beide Funde dürften etwa aus der Zeit gegen Ende der jüngeren Altsteinzeit/Beginn Mittelsteinzeit stammen.*

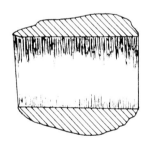

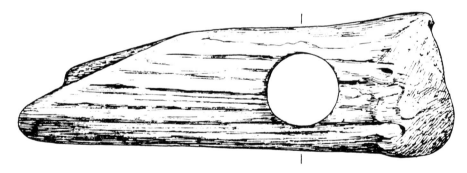

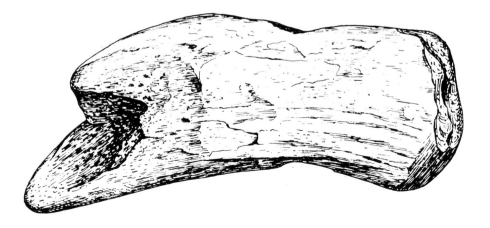

Im Lager

Hier besuchen wir eine Familie aus der Zeit des Magdalénien vor etwa 15 000 Jahren in ihrem Lager. Von ihrem äußeren Erscheinungsbild her machen diese Menschen doch einen sehr modernen Eindruck. Die überhängende Felswand bietet ihnen eine ideale Gelegenheit für die Anlage einer Behausung. Ihre Hütte haben sie direkt an den Fels gebaut. Das Dach aus Holzstreben wird von Pfosten gestützt, die in den Boden eingelassen sind. Die Abdeckung besteht aus Tierhäuten und ist wasserdicht, beständig und wärmeisolierend.

Wenn wir in die Hütte hineingehen, können wir bestimmte Zonen deutlich unterscheiden. Da gibt es einen Durchgang, der zu den verschiedenen anderen Bereichen führt: Herdstelle, Ruhezone, Werkstatt. Der Abfall wird außerhalb der Behausung gesammelt. Der Boden ist etwas ausgehoben und mit flachen Steinen belegt. Das schützt die Bewohner vor Feuchtigkeit von unten.

Zentrum und Seele des Familienlebens ist die Herdstelle. Ein Herd kann in den Hütten, aber auch im Freien sein. Feuer hat vielfältige Bedeutung für die Cro-Magnon-Menschen: Schutz vor wilden Tieren, Nahrungszubereitung und Wärme sind eine Seite. Aber der Herd ist mehr, dient er ihnen doch als Treffpunkt nach der Jagd oder bei gemeinschaftlichen Arbeiten. Feuer als Mittelpunkt der sozialen Gemeinschaft.

Jung und alt leben in dieser Gemeinschaft eng zusammen und gehen ihren Tätigkeiten und Neigungen nach. Manchmal ist sogar Zeit, einfach nur herumzusitzen. Das Klima ist milder geworden, das Leben etwas leichter.

Beim Fischfang

Nahe am Lager vorbei fließt ein fischreiches Gewässer. Die Jäger kennen einige ruhige Stellen, wo es besonders leicht ist, schmackhafte Fische zu erbeuten. Unsere Menschen aus dem Magdalénien haben sich regelrecht auf Fischfang spezialisiert. Nun ja, wer würde nicht auch lieber einen Lachs als einen Höhlenbären jagen. Außerdem können beim Fischen auch die Frauen mitmachen.

Überall gibt es Wasserläufe, Tümpel und Seen. Man hat den Eindruck, daß es von Jahr zu Jahr mehr werden, seitdem das Klima nicht mehr ganz so frostig ist. Ergiebige Fischgründe also, die eine reichhaltige Auswahl bieten: Forellen, Hechte, Aale, Weißfische, Lachse, Barben, Karpfen und auch Schalentiere stehen auf dem Speiseplan.

An Werkzeugen zum Fischfang besitzt der Cro-Magnon-Mensch Harpunen mit raffinierten Spitzen, Angeln, Reusen und Netze. Eine ganz tolle Sache beginnt sich langsam durchzusetzen: Mit einem ausgehöhlten Baumstamm kann man nunmehr auf größere Seen hinauspaddeln und dort natürlich auch größere Fische fangen. Keiner weiß so ganz genau, wer zuerst auf diesen Trick gekommen ist. Daß Holz auf dem Wasser schwimmt, haben die Menschen allerdings längst mitbekommen. Die Kinder haben schon immer gerne Stöckchen in den Bach geworfen. Aber die Sache mit dem Baumstamm ist einfach genial! Der Fortschritt ist eben nicht aufzuhalten.

Das Begräbnis

Schon bei den Neandertalern haben wir die Bestattung der Toten festgestellt. Die Menschen der jüngeren Altsteinzeit, die wir Cro-Magnon-Menschen nennen, bestatten ihre Angehörigen eigentlich nicht anders - wie auch, denn sie haben ja sicher eine Zeitlang neben- oder gar miteinander gelebt und ein Menge voneinander abgeguckt.

Aber bei den modernen Menschen wird die Begräbniszeremonie noch vertieft. Der Körper des Verstorbenen wird so angeordnet, daß es ihm das Aussehen eines eingeschlafenen Menschen verleiht. Allerlei Gaben werden dem Grab beigegeben: Blumen, Werkzeuge, Reste von Tieren. Wie bei den Neandertalern werden die Toten ebenfalls mit Ockerrot bestreut, Symbol für Blut und Leben.

Die trauernden Hinterbliebenen scheinen besonders festlich gekleidet zu sein. Stirnbänder, Haartracht und Schmuck sind anders als sonst. Und die brennende Fackel, ist sie ein Symbol ewigen Lebens? Ist bei dieser Art der Bestattung schon so etwas wie ein religiös-mystisches Bewußtsein im Spiel? Ist es eine regelrechte Kulthandlung? Leider können wir diese Menschen nicht mehr fragen.

Allerdings, die Art der Bestattung wird späteren Forschern einmal eine Menge Erkenntnisse über das Leben (und Sterben) der Cro-Magnon-Menschen bringen. Die Inhalte der Gräber gehen über die Jahrtausende nicht verloren, da sie durch Steine geschützt werden. Keine Chance für Tiere, sich über die Toten herzumachen.

Der Künstler

Was tun denn die beiden hier? Niemals zuvor in unserer Jahrmillionen währenden Reise ist uns etwas Derartiges begegnet. Eigentlich trauen wir unseren Augen kaum. Ein Mann steht vor einer Felswand und - malt!

Ist aus unserem entschlossenen Jäger ein Weichling geworden, ein prähistorischer Hippie sozusagen? Man muß es anders sehen. Die Cro-Magnon-Menschen haben erstmals in der Menschheitsgeschichte Zeit, sich und ihre Umwelt bewußt wahrzunehmen. Alle anderen Vorfahren bis hin zum Neandertaler waren mit dem gnadenlosen Überlebenskampf beschäftigt. Es ist zwar nicht auszuschließen, daß auch sie sich hin und wieder künstlerisch ausgedrückt haben, aber es gibt keine überlieferten Beispiele dafür.

Erst seit 30 000 Jahren beginnt der Mensch, dauerhaft Zeugnis seiner kreativen Fähigkeiten abzulegen. Die vorhistorische Kunst muß als Schöpfung des Cro-Magnon-Menschen angesehen werden.

Einen dieser Schöpfer sehen wir hier - unterstützt von seiner Frau - bei seinem Werk. Er malt das, was er kennt, was ihn täglich bewegt: Nashorn und Bison, Tiere seines Jagdlebens. Er hat kein Foto oder ein leibhaftiges Modell, er malt aus der Erinnerung. Selbst nach Tausenden von Jahren erkennen wir sofort, was er meint. Wer wollte da bestreiten, daß wir einen Künstler vor uns haben und daß der Mensch einen weiteren wichtigen Schritt in seiner Entwicklung getan hat. Nicht nur das Alltagsleben beschäftigt ihn nun, sondern auch die geistig-seelische Auseinandersetzung damit.

Unser altsteinzeitlicher Künstler nutzt geschickt den Untergrund, auf dem er arbeitet. Die natürliche Beschaffenheit der Felswand bezieht er in sein Kunstwerk ein. Beobachtungsgabe, Intuition und handwerkliches Geschick sind dazu nötig.

An Malmitteln werden mineralische Farbstoffe wie Eisenoxyd verwendet. Sie liefern ihm eine Farbpalette von Ocker, Gelb, Rot bis zu Braun und Violett. Manganbioxyd ergibt Schwarz. Große Farbflächen werden vorher angefeuchtet oder mit Fett bestrichen, damit das Pulver haftet. Mit Pinseln aus Tierhaaren, mit den Fingern, mit faserigen Zweigen oder gar Schablonen wird der Farbstoff aufgetragen.

Die Kulturstufe des Magdalénien ist gewissermaßen die Hochzeit der altsteinzeitlichen Kunst. Es wird nicht nur gemalt. Mit Meißeln wird in Felsen eingeritzt. Auch figurative Darstellungen wie Skulpturen entstehen. Besonders Schnitzereien aus Knochen, Hirschgeweihen oder Elfenbein zeugen von großem künstlerischen Vermögen.

Jetzt entstehen auch die Kathedralen der Steinzeitkunst, die großen, tief in die Felsen führenden Höhlen, die übersät sind mit einem unglaublichen Reichtum an Tierdarstellungen. Hervorzuheben sind die weltbekannten Höhlen von Altamira in Nordspanien und Lascaux in der französischen Dordogne. In diesen Höhlen hat nie ein Frühmensch gewohnt, dort hat er nur gemalt und seine Seele ausgebreitet. Das Wort „Heiligtum" für diese Stätten ist sicher nicht zu hoch gegriffen.

Tiere bilden das zentrale Thema. Etwa fünfzig Gattungen sind feststellbar, Pferde, Rinder, Steinböcke, Hirsche, auch Mammute und Raubtiere, um nur einige zu nennen. Manchmal erkennt man Fische in den Darstellungen, gemalt oder in die Felswände eingeritzt. Vögel sieht man selten, Pflanzen nie. Es gibt daneben noch symbolische Zeichen, um deren Bedeutung man nicht weiß. Der Mensch selbst wird fast ausgeklammert; wenn überhaupt, dann ist die Darstellung nicht vergleichbar mit den äußerst präzisen Tierbildern. Sehen sich die Frühmenschen noch nicht als das Maß aller Dinge?

Wenn wir nun unseren Künstler fragen, warum er malt, was wird er antworten? Vermutlich wird die Antwort nicht anders und genauso vielschichtig ausfallen wie bei einem heutigen Künstler - wenn er überhaupt antwortet:

„Ich male, weil es mir Spaß macht."
„Ich male, weil ich Talent habe."
„Ich male, weil ich etwas im Bild festhalten will."
„Ich male, weil ich mir ein Heiligtum schaffen will."
„Ich male, weil es wie ein Zauber ist."
„Warum muß ich es eigentlich erklären, das Bild ist doch Erklärung genug?"

In der Tat ist gerade die große kreative Schaffenskraft unserer Vorfahren umso unerklärlicher, da sie doch vorwiegend an Orten hinterlassen wurde, die auch für uns moderne Menschen ihre Tücken haben. Die „Heiligtümer" altsteinzeitlicher Kunst sind große Höhlen, die Forscher zum Teil nur mit umfangreicher Ausrüstung und unter vielen Sicherheitsvorkehrungen begehen konnten und können.

Der Autor **Louis-René Nougier**, französischer Professor für Frühgeschichte, hat dies in seinem Buch „Die Welt der Höhlenmenschen" am Beispiel der Höhle von **Rouffignac** (Dordogne) anschaulich dargestellt. Diese Höhle hat er selbst entdeckt und wissenschaftlich erschlossen.

Die Höhle von Rouffignac ist ein riesiger Komplex, der sich auf einer Länge von zehn Kilometern über drei Geschosse hinzieht. Ein verwirrendes, verästeltes System mit gähnenden Abgründen, unterirdischen Wasserläufen und zahllosen Gangkreuzungen. Schon in meinem Vorwort habe ich erwähnt, wie beeindruckend die Begehung der Höhle von Niaux für mich war, die im Vergleich zu Rouffignac wirklich überschaubar ist.

Wie ist es nur möglich, daß die Cro-Magnon-Menschen solche Höhlen auch nur annähernd erkunden, darüber hinaus aus ihnen aber auch noch Gemäldegalerien der Steinzeit machen konnten?

Man stelle sich einmal vor: Nougier berichtet von mehr als siebenstündigen Begehungen in Rouffignac. Wie mag es da den Steinzeitmenschen gegangen sein? Ausgerüstet mit Fakkeln dringen sie in eine unbekannte, stockfinstere Welt ein, deren Ende sie nicht kennen, getrieben vom Hunger nach neuen Erkenntnissen, ausgestattet mit ungeheurem Mut. Werden die Fackeln reichen, werden sie den Rückweg wiederfinden? Werden unbekannte Mächte sie im Inneren der Höhle bedrohen? Sicher ist es vielen von ihnen so ergangen wie zwei Holländern, die - wie Nougier berichtet - offenbar bereits 1730 in Rouffignac einzudringen versuchten. Bald ging ihnen das Licht aus, und sie verloren die Orientierung. Einer starb an Unterkühlung, der zweite gelangte nach neun Tagen wieder ans Licht, verstarb aber bald an geistiger Erschöpfung.

Kann man unter dieser Anspannung überhaupt noch kreativ sein? Die Ergebnisse sprechen für sich. Nichts konnte diese Menschen daran hindern, sich die Höhlen anzueignen, sich ihrer als riesige natürliche Ateliers zu bedienen. Im spärlichen, flackernden Licht ihrer Wacholder- oder Fettlampen haben sie Zeugnis gegeben von ihren Empfindungen, die wir aber noch zu wenig zu deuten wissen. Man kann kaum erahnen, was die frühen Maler bewegt haben muß. Aber die Tierwelt der Eiszeit lebt in ihren Werken bis heute weiter.

Nicht nur Tiere haben sie dargestellt. Was nur mögen die Punkte und Striche bedeuten, die auf einem Felsblock in Niaux zu sehen sind? Mitteilungen, Ansätze einer Schriftsprache? Und wie ist es zu erklären, daß sich derartige Zeichen auch in anderen, weit entfernten Höhlen in Spanien wiederfinden? Selbst die Zeichen ihrer körperlichen Anwesenheit haben die Höhlenmaler uns hinterlassen. In Niaux sind ihre Fußabdrücke in eine Lehmschicht eingedrückt.

So sind die für die Menschheitsgeschichte so bedeutsamen frühesten geistigen Überlieferungen gleichzeitig auch die rätselhaftesten. Die ältesten Darstellungen finden wir in Australien, geschaffen vor dreißigtausend Jahren; sie sind also weit älter als die Abbildungen in Frankreich. Sie legen Zeugnis davon ab, daß der **Homo sapiens sapiens** sich überall ausgebreitet und die höchste Stufe der Evolution erklommen hat.

Höhlenmalerei

1. Sind wir die Neandertaler der Zukunft?

Am Ende der Altsteinzeit hat sich der moderne Mensch Homo sapiens sapiens überall auf der Welt niedergelassen. Neben ihm gibt es keine andere menschliche Lebensform mehr. Zwar hat der Neandertaler ihn eine Zeitlang begleitet, aber es wurde schon angedeutet, daß dessen Verbleib noch im Dunkel der Geschichte verborgen ist.

Im wesentlichen gibt es drei Theorien zur Ausbreitung des modernen Menschen auf der ganzen Welt:

1. *Er stammt von Formen des vor 200 000 Jahren in Afrika beheimateten Homo sapiens ab. Dieser breitete sich - nach Zwischenstadien im heutigen Israel - entlang des Mittelmeeres in europäische Regionen und entlang des schwarzen Meeres in asiatische Gebiete aus. Dort verdrängte er alle vorkommenden Formen, also auch den asiatischen Homo erectus.*
   Diese Annahme wird von Analysen des Erbgutes verschiedener Populationen unterstützt, die eindeutig nach Afrika weisen.

2. *Eine andere Auffassung geht davon aus, daß auch in den verschiedenen Gebieten der Erde örtliche Evolutionen des Homo erectus in Richtung Homo sapiens stattgefunden haben. Allenfalls eine spätere Vermischung des afrikanischen Sapiens-Typs mit dem asiatischen Erectus-Typ sei denkbar.*

3. *Die neueste - seit 1992 vertretene - Variante geht auf die angeblich verschwundenen Neandertaler ein, bezieht sich also auf den europäischen Raum. Nach dieser These stammen wir Europäer nun doch von den Wesen mit den wulstigen Augenbrauen ab. Dies widerspricht aber der afrikanischen „Urmutter"-Theorie. Der amerikanische Anthropologe Alan Mann glaubt aufgrund von Zahnschmelzuntersuchungen, daß zwischen Neandertalern und Europäern mehr Gemeinsamkeiten bestehen als zwischen Afrikanern und Europäern. Es sei auch falsch, die Neandertaler als isolierten, eigenen Menschenschlag zu betrachten. Vielmehr seien sie weit umhergezogen und hätten sich frühzeitig mit anderen Populationen vermischt. Auch ihr Sozialverhalten habe man bisher immer unterschätzt.*

Sicher steckt in all diesen Theorien irgendwo ein richtiger Kern, die Wahrheit wird irgendwo in der Mitte liegen. Die „Urmutter" des modernen Menschen stammt entweder aus Afrika, dafür spricht der älteste Hominidenfund „Lucy". Oder aber es hat mehrere Zentren der menschlichen Evolution zum Homo sapiens sapiens gegeben. Wobei letztere Annahme aber noch nicht schlüssig erklären kann, wie es zum einheitlichen Genpool aller Menschen dieser Erde gekommen ist.

Wir alle, die wir heute die Erde milliardenfach bevölkern, sind von einer Sorte, ausgestattet mit 46 Chromosomen. Obwohl es uns oft so scheinen will, als seien vielerlei Arten von Menschen existent, müssen wir uns dies klarmachen. Das, was wir heute unter „Rassen" verstehen, also alle dunkel-, gelb-, rot- oder hellhäutigen Menschen, entstand erst im Verlauf der Mittel- und Jungsteinzeit. Äußerlich vielleicht unterscheidbar, würde eine Erbgutuntersuchung dieser so verschieden anmutenden Typen es an den Tag bringen: keine Unterschiede.

Allerdings bringt das Ende der Altsteinzeit - fast gleichzeitig auch das Ende der letzten Vereisung - dem Menschen eine rasante kulturelle Entwicklung. In allen seinen hinterlassenen Werken dokumentiert sich: Dieser Mensch beginnt, die Welt zu verändern.

Noch zeichnen sich die negativen Aspekte dieser Aussage nicht ab. Vielmehr erleben wir eine vielfältige Reifung auf allen Ebenen, so komplex, daß allein der Abschnitt Mittel-/Jungsteinzeit einen weiteren Band füllen würde. Zu nennen wären da die schnelle technische Entwicklung der Werkzeuge und Geräte, der gesellschaftliche Umbruch durch Seßhaftwerdung, die Kultivierung der Landwirtschaft und die immer intensivere geistige Auseinandersetzung.

Wohin all dies in den letzten 2000 Jahren geführt hat, sollte uns der Geschichtsunterricht in der Schule vermittelt haben. Heute nun stehen wir vor der Situation, daß der Mensch als „Krone der Schöpfung" - um diesen Ausdruck noch einmal aufzugreifen - zwar von allen Lebewesen den höchsten Stand der Evolution erreicht hat (wobei allein er der Richter ist!), gleichzeitig aber eben dadurch in der Lage ist, sich selbst, ja die ganze Erde mit einem Schlag hinwegzufegen. Hiroshima und - in jüngster Zeit - Tschernobyl haben uns einen Vorgeschmack davon vermittelt.

Ist der Mensch also noch zu retten, nachdem er - alles in allem - zwanzig Millionen Jahre gebraucht hat, das zu werden, was er heute ist? Vielleicht, muß man als Optimist sagen. Zu was wird er es denn noch bringen? Auch da kann die Antwort nur vage bleiben. Mehr Fortschritt? Vielleicht. Fortschritt könnte zum Beispiel im Bereich der **Gentechnologie** liegen, könnte den Sieg über Krankheiten wie Krebs und Aids bringen. Das wäre gut so. Andererseits aber könnten **Genmanipulationen** zu einem schieren Aberwitz führen: Was im Laufe der Evolution abgeschafft wurde, nämlich die Typenvielfalt der menschlichen Existenz, könnte hier auf dem experimentellen Weg wieder eingeführt werden. Neue Menschen durch neue Gene. Eine Horrorvorstellung!

Bei allem Fortschritt ist eines sicher: Die Vergangenheit wird uns immer wieder einholen. Je mehr in der Erde gegraben wird, um so mehr treten uns die Zeugen der Geschichte entgegen. War es gerade noch der Similaun-Mann aus der Bronzezeit, so lesen wir heute über den Fund von Mammutgebeinen an der Lippe. Und auch Donald Johanson, den ich um Material für dieses Buch bat, ist gerade wieder irgendwo auf den Grabungsfeldern. Gut vorstellbar, daß die Urgeschichte der Menschen öfter mal neu geschrieben werden muß. Und was wird man wohl dereinst - siehe Überschrift - über uns schreiben?

2. Was kommt nach der Altsteinzeit?

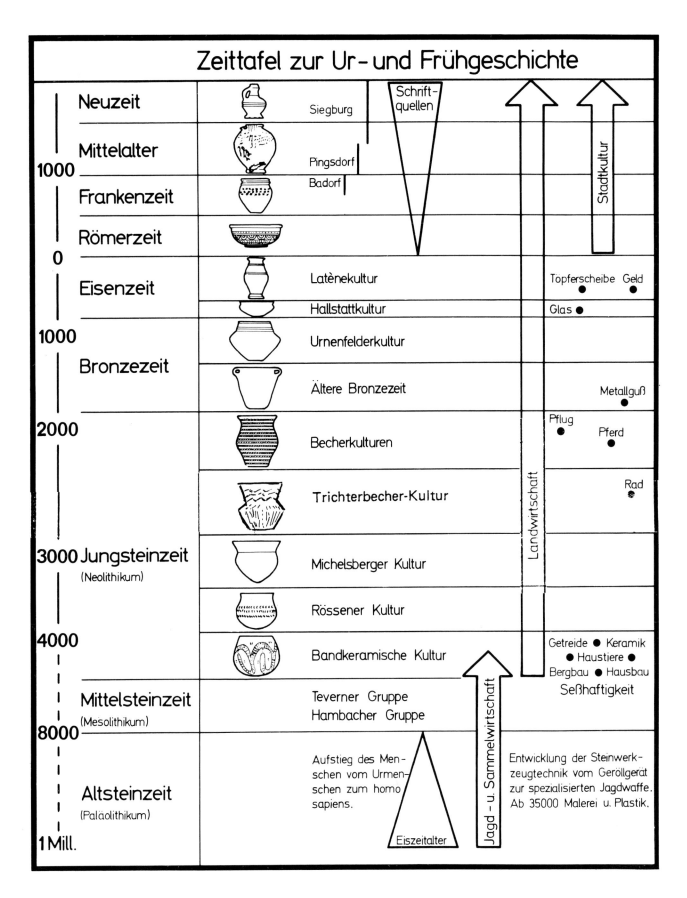

Zeittafel zur Ur- und Frühgeschichte

Neuzeit		Siegburg			
1000 Mittelalter		Pingsdorf			
Frankenzeit		Badorf			
Römerzeit					
0 Eisenzeit		Latènekultur			Topferscheibe ● Geld ●
		Hallstattkultur			Glas ●
1000 Bronzezeit		Urnenfelderkultur			
		Ältere Bronzezeit			Metallguß ●
2000		Becherkulturen			Pflug ● Pferd ●
		Trichterbecher-Kultur			Rad ●
3000 Jungsteinzeit (Neolithikum)		Michelsberger Kultur			
		Rössener Kultur			
4000		Bandkeramische Kultur			Getreide ● Keramik ● Haustiere ● Bergbau ● Hausbau Seßhaftigkeit
Mittelsteinzeit (Mesolithikum)		Teverner Gruppe Hambacher Gruppe			
8000					
Altsteinzeit (Paläolithikum)		Aufstieg des Menschen vom Urmenschen zum homo sapiens.	Eiszeitalter		Entwicklung der Steinwerkzeugtechnik vom Geröllgerät zur spezialisierten Jagdwaffe. Ab 35000 Malerei u. Plastik.
1 Mill.					

Schrift- quellen

Stadtkultur

Landwirtschaft

Jagd- u. Sammelwirtschaft

Geschichtsbuch Erde

Die Eiszeit

Der Weg des Menschen

Lebensbilder

Die Wissenschaft

Arbeitsvorschläge

für Freiarbeit oder Wochenplan

1. Erkläre den Begriff „endogene (innere) Kräfte"!

2. Schlage im Atlas nach! Suche Gebiete der Erde, in denen starke endogene Kräfte wirken!

3. Informiere Dich genauer über Vulkane! Zeichne einen Vulkan im Querschnitt, und beschrifte die Zeichnung!

4. Erkläre den Begriff „exogene (äußere) Kräfte"!

5. Warum ist die Erdkruste in Schichten aufgebaut?

6. Was fangen Forscher mit solchen Schichten an?

7. Was sind Fossilien?

8. Erkläre aufgrund der Schaubilder zur Veränderung der Schichten, wie Fossilien an die Oberfläche gelangen können!

9. Welche Forscher sind an der Entdeckung der Erde beteiligt? Was tun sie im einzelnen?

10. Was macht ein Museum mit Funden aus der Erde?

11. Schreibe einen zusammenfassenden Bericht zum Thema „Der Weg eines Fundes"!

Schreibe die Ergebnisse in Dein Heft!

erledigt:

Urige Zeiten

Der Aufbau der Erde

Name: _____

Dicke: _____

Name: _____

Dicke: _____

Name: _____

Dicke: _____

Name: _____

Dicke: _____

Aufgabe:

Beschrifte die Zeichnung, und beschreibe den inneren Aufbau der Erde! Erkläre auch, wie es durch diesen Aufbau zur Entfaltung von endogenen (inneren) Kräften kommen kann!

_____

_____

_____

_____

_____

_____

_____

_____

_____

_____

Vulkanismus

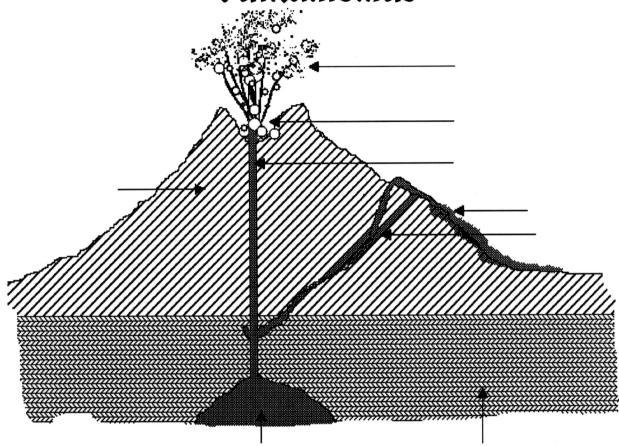

Aufgabe:

Beschrifte die Zeichnung und erkläre die Wirkungsweise eines Vulkans!

_____

_____

_____

_____

_____

_____

_____

_____

_____

_____

Urige Zeiten

Der Seismograph

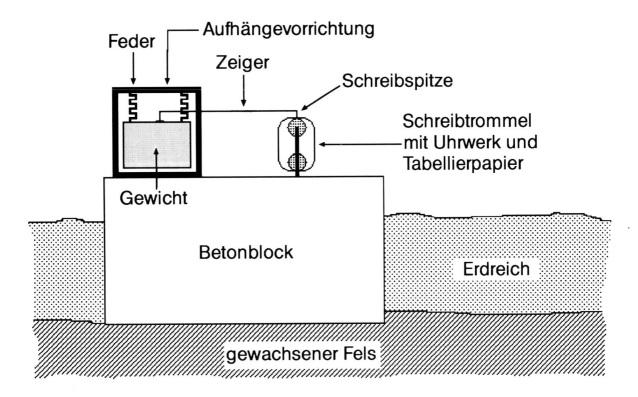

Information:

Der Begriff Seismograph setzt sich zusammen aus den griechischen Wörtern „seismos" (Erderschütterung) und „graphein" (schreiben). Man bezeichnet damit also ein Gerät, das der Aufzeichnung von Erderschütterungen dient. Es ist äußerst empfindlich. Die Wissenschaftler, die sich damit beschäftigen, heißen Seismologen. Sie sind überall auf der Welt in Hunderten seismologischer Stationen zur Registrierung von Erderschütterungen, -stößen und -beben eingesetzt.

Aufgabe:

Erkläre die Wirkungsweise des Seismographen!

_____

_____

_____

_____

_____

_____

_____

_____

Bebenmessung

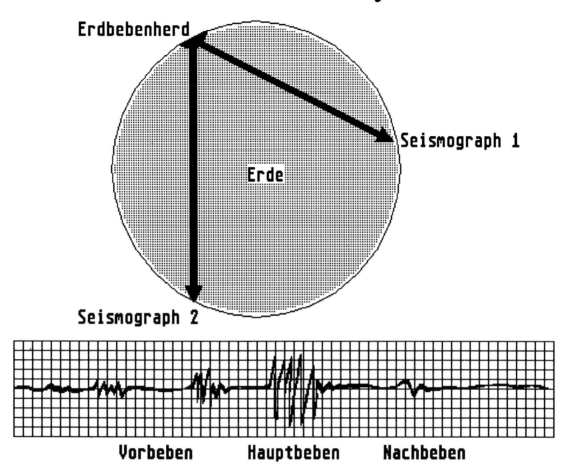

Information:

Selbst Erdbebenstationen, die am entgegengesetzten Ende der Erde liegen, nehmen noch die Erschütterungen wahr. Aus den Ergebnissen verschiedener Stationen läßt sich berechnen, wo der Erdbebenherd liegt. Von diesem Herd aus pflanzen sich die Stöße nämlich gleichmäßig in alle Richtungen fort, wobei Erschütterungswellen im Erdinnern schneller übermittelt werden.

Aufgabe:

Erkläre die Zeichnungen! Versuche mit Hilfe mathematischer Gesetze festzustellen, wie man die Lage eines Erdbebenherdes ermitteln kann!

_____

_____

_____

_____

_____

_____

_____

_____

Gefährdete Zonen der Erde

Aufgabe:

Zeichne in die Weltkarte mit verschiedenen Farben die Erdbebenzonen und die größten Vulkane ein!
Arbeite mit dem Atlas!

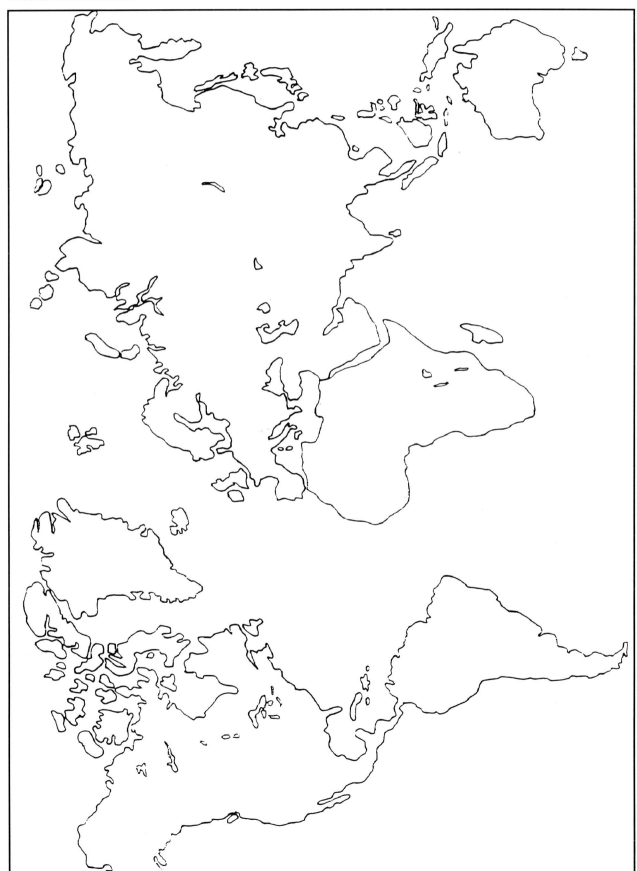

Hobbyarchäologie

Da liegt er vor Dir, der wunderschöne urzeitliche Fund.
Wenn doch bei den Ausschachtungsarbeiten der Bagger etwas vorsichtiger gewesen wäre!
Leider besteht das gute Stück nur noch aus Bruchstücken.
Doch ein richtiger Forscher gibt nie auf! Also los, rekonstruiere das Teil!
Was ist es denn wohl?

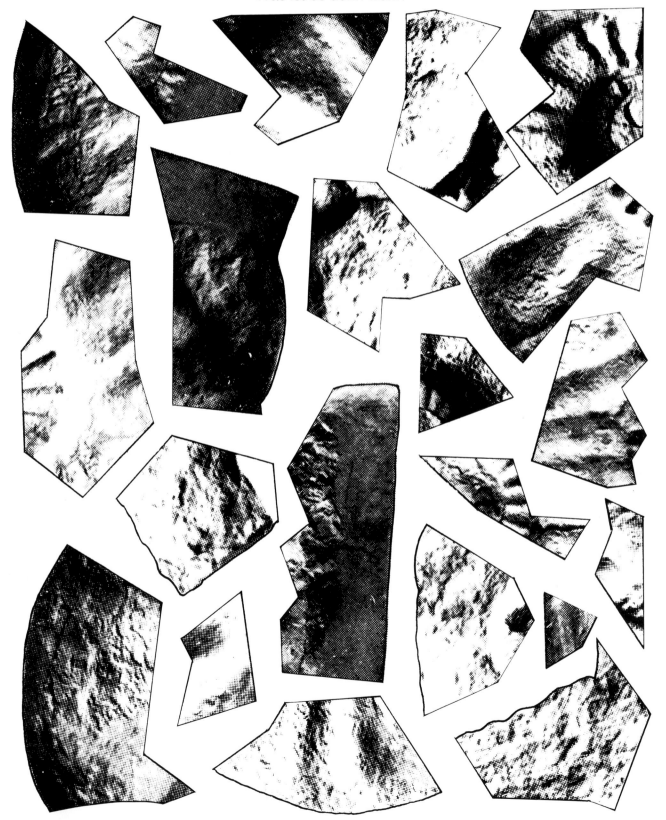

Urige Zeiten

Lernzielkontrolle

Die folgende Bildserie erzählt eine kleine Geschichte. Irgendwann in der Urzeit begann sie mit dem Tod eines menschenähnlichen Wesens. Ein Forscher findet - aber halt! Das sollst ja alles Du erzählen! Was also ist im Verlauf vieler hunderttausend Jahre geschehen?

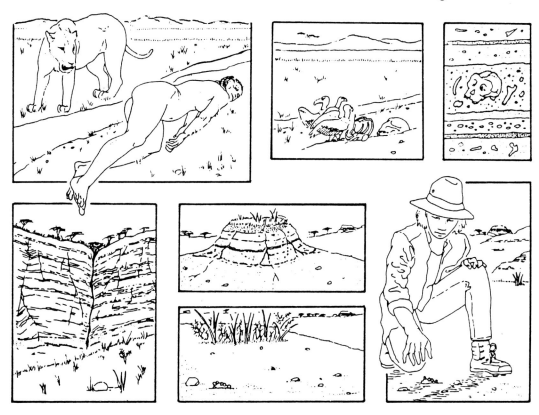

Urige Zeiten

Arbeitsvorschläge

für Freiarbeit oder Wochenplan

1. Was bedeutet der Begriff „Eiszeit"?

2. Beschreibe, wie Gletscher entstehen!

3. Fasse in einem Bericht zusammen: Der Aufbau eines Gletschers.

4. Betrachte das Schaubild über die Entwicklung der Pflanzenwelt. Berichte über die Veränderung!

5. Schreibe einen „wissenschaftlichen" Bericht über das Mammut!

6. Erkläre, wie sich Tiere an ihre Umwelt anpassen!

7. Baue ein Diorama mit Tieren der Eiszeit! Ein Diorama ist eine räumliche Darstellung mit einem natürlich wirkenden, gemalten Hintergrund. Ein größerer Karton könnte beim Bau nützlich sein kann.

Diorama

Eiszeittiere + Eiszeitlandschaft

(Tiere können aus Knetmasse geformt oder als Stand-up gebastelt werden)

Schreibe die Ergebnisse in Dein Heft!

erledigt:

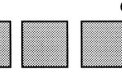

Der Aufbau eines Gletschers

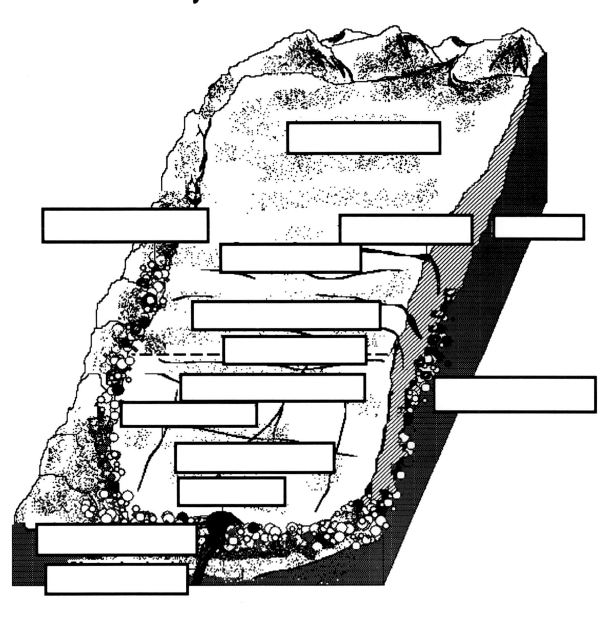

Information:

Man unterscheidet verschiedene Sorten von Gletschern:

1. Inlandeis (Antarktis, Grönland) - das ist eine riesige Eisfläche, die kilometerdick sein kann.

2. Plateaugletscher - das sind Gletscher, die sich auf den Hochflächen von Gebirgen finden, etwa in Skandinavien.

3. Talgletscher - das sind Gletscher in den Hochtälern der Hochgebirge, z.B. in den Alpen.

Aufgabe:

Suche im Atlas Beispiele für die genannten Gletscherarten!

Information:

Hier die Größen einiger Gletscher:

Rhônegletscher, Schweiz = 21 km²

Pasterze, Österreich = 24 km²

Großer Aletschgletscher, Schweiz = 115 km²

Jostedalsbre, Norwegen = 1000 km²

Malaspinagletscher, Alaska = 4275 km²

Vatnajökull, Island = 8450 km²

Aufgabe:

Zeichne auf Millimeterpapier einen maßstäblichen Größenvergleich der Flächen!

Urige Zeiten

Ergänzungstext: *Ein Gletscher entsteht*

In den Hochgebirgen dieser Erde gibt es die sogenannte Schneegrenze. Sie verschiebt sich im Sommer und Winter, aber es gibt Gebiete, in denen immerwährend _____ liegt. Allerdings - bei starker Sonneneinstrahlung am Tage _____. Sobald die Sonne aber verschwindet, _____ er wieder. Dieser Vorgang des _____ und _____ wiederholt sich und macht aus dem einst weichen Schnee eine harte, körnige Masse, das ist der _____. Besonders in schattigen Mulden der Gebirge entstehen daraus große _____ _____. Wenn neuer Schnee fällt, drückt er den Firn stark zusammen.

Im sogenannten _____ wird der Firn zu bläulich schimmerndem _____ zusammengepreßt.

Je nach Gefälle und Schneefall setzt sich das Eis, bedingt durch den Druck, mehr oder weniger schnell _____. In Grönland gibt es Gletscher, die am Tag 25cm zurücklegen.

Während es sich in der Mitte sehr schnell bewegt, ist die Bewegung des Eises auf dem Grund und am Rande langsamer, weil dort _____ _____. Im Sommer fließt es natürlich schneller, weil _____ _____.

Wenn der Gletscher unter die Schneegrenze gelangt, entsteht dort das _____ _____. Das Eis schmilzt ab. Je nach Menge des abschmelzenden Eises bewegt der Gletscher sich _____.

Schmelzwasser, das abtaut, sucht sich einen Weg durch die vielen Gletscherspalten und Brüche und sammelt sich im _____, der am Ende des Gletschers aus dem _____ austritt.

Spalten und Brüche entstehen an Stellen, an denen das _____ stärker wird, dort _____.

Die Bewegung und das hohe Gewicht des Eises sorgen dafür, daß sich am Grunde des Gletschers _____ lösen. Sie bilden die _____, die wie ein Schleifmittel wirkt, mit dem der Gletscher das Tal regelrecht aushobelt. Aller Gesteinsschutt bleibt schließlich am Ende des Gletschers als _____ liegen.

Aber auch an den Gletscherseiten bilden sich Schuttwälle, die _____. Sie haben ihre Ursache in _____, das vom Gletscher transportiert wird.

Exogene Kräfte

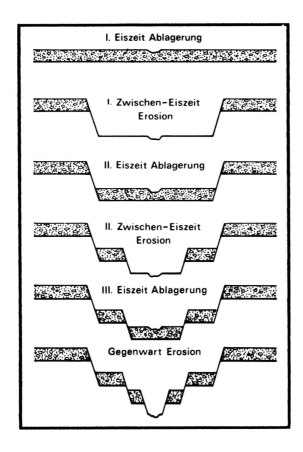

Das nebenstehende Schaubild zeigt deutlich das Wechselspiel der exogenen Kräfte während der Kalt- und Warmzeiten. Ein Fluß gräbt sich ein und verändert die Landschaft.

Aufgabe:
Beschreibe der Reihe nach, welche Vorgänge die Erdoberfläche verändern!

Urige Zeiten

 **Elefantentreffen**

Name	Name
Aussehen	**Aussehen**
Größe	**Größe**
Lebensraum	**Lebensraum**
Lebensweise	**Lebensweise**
Feinde	**Feinde**
Heutiger Stand	**Heutiger Stand**

Urige Zeiten

Halber Ochse

Aufgabe:

Hier haben die Archäologen ein Schädelstück eines eiszeitlichen Moschusochsen ausgegraben. Nun heißt es zu überlegen, wie dieser Schädel insgesamt ausgesehen hat. Versuche zu zeichnen!

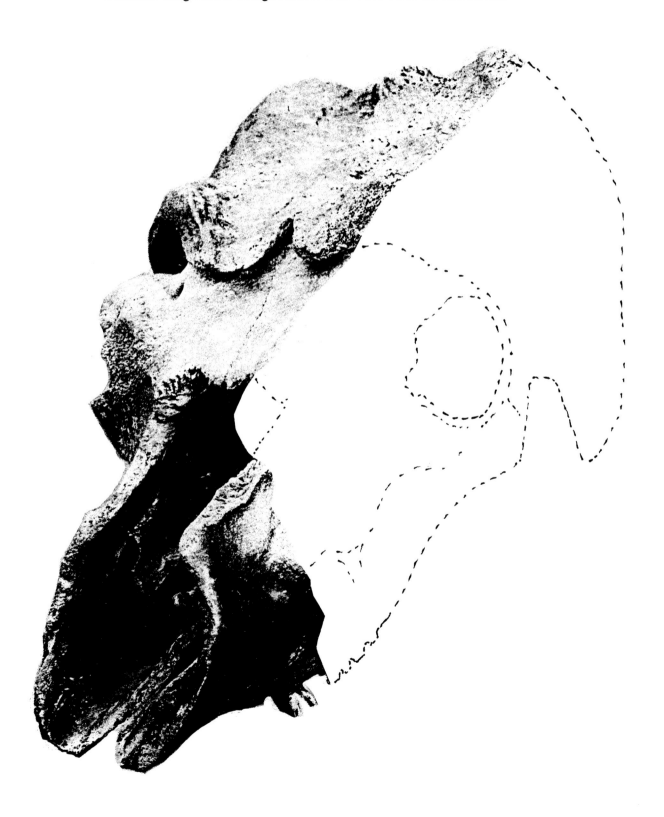

Lernzielkontrolle

1. Wie oft wechselten Kalt- und Warmzeiten in der letzten Eiszeit?

   _____

2. Woher weiß man heute, wie weit das Eis ins Inland vorgedrungen ist?

   _____

   _____

   _____

3. Von welchem Tier der Eiszeit wurden ganze erhaltene Körper gefunden? Wie ist das möglich?

   _____

   _____

   _____

4. Nenne möglichst viele Eiszeittiere!

   _____

   _____

   _____

5. Was kann man an der Gebißform eines Tieres erkennen?

   _____

   _____

6. Warum werden Tiere der gleichen Art in Kältegebieten verhältnismäßig größer?

   _____

   _____

   _____

Punkte   **Ergebnis**

Arbeitsvorschläge

für Freiarbeit oder Wochenplan

1. Welches Weltbild vermittelt die Religion?
   Wie steht die moderne Naturwissenschaft dazu?

2. Wer war Charles Darwin? Informiere Dich genauer über ihn und seine Lehren!

3. Was ist zu der Aussage „Der Mensch - Krone der Schöpfung" zu sagen?

4. Arbeite Dich in die Fachausdrücke (Fachchinesisch) ein, und versuche, möglichst viel davon zu behalten!

5. Berichte über die Entwicklung der Menschenforschung und die Forscher!

6. Fasse das Schaubild „Entwicklung der Primaten" in einem Aufsatz zusammen!
   Benutze die Fachausdrücke!

7. Erzähle die Geschichte „Vor zwei Millionen Jahren in der Olduvai-Gegend"!

8. Vergleiche die Gebiß-, Schädel- und Skelettformen der verschiedenen Hominiden, und berichte über die Entwicklung!

9. Welche Bedeutung hat die Entdeckung von „Lucy" in der modernen Paläoanthropologie?

Schreibe die Ergebnisse in Dein Heft!

erledigt:

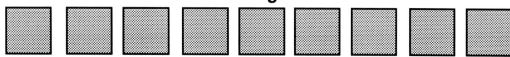

Name: **Klasse:**

Evolution

Menschenaffen

Lebensraum:

Skelettbau/Gangart:

Ehe/Familie/Sexualität:

Lebensweise:

Werkzeuge:

Gehirn:

Hominiden

Lebensraum:

Skelettbau/Gangart:

Ehe/Familie/Sexualität:

Lebensweise:

Werkzeuge:

Gehirn:

Modelle

Nach dem aufsehenerregenden Fund von Lucy stellten Donald Johanson und sein Mitarbeiter White ein Abstammungsmodell auf. Ihr schärfster Konkurrent Richard Leakey antwortete darauf mit einer anderen Darstellung.

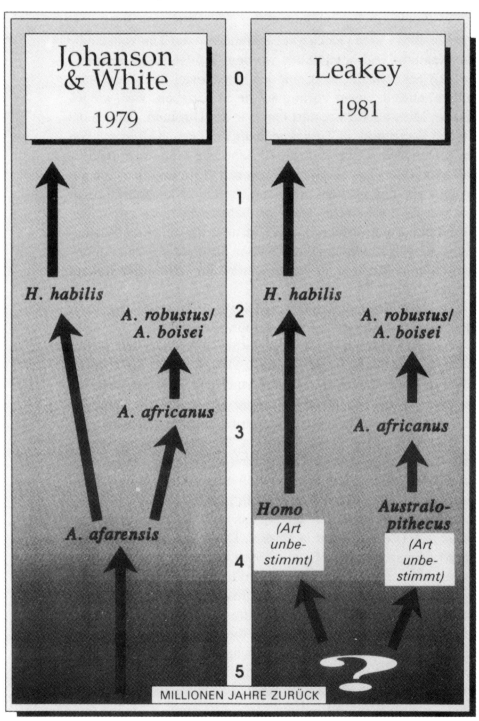

Aufgaben:
1. Beschreibe zunächst beide Modelle einzeln!
2. Worin unterscheiden sie sich?
3. Was ist der entscheidende Knackpunkt der beiden wissenschaftlichen Arbeiten?

Urige Zeiten

Lucy

So ungefähr sehen die Überreste aus, die man von dem berühmten Australopithecus afarensis gefunden hat. Vergleiche auch mit dem Original und der Rekonstruktion des Skeletts!

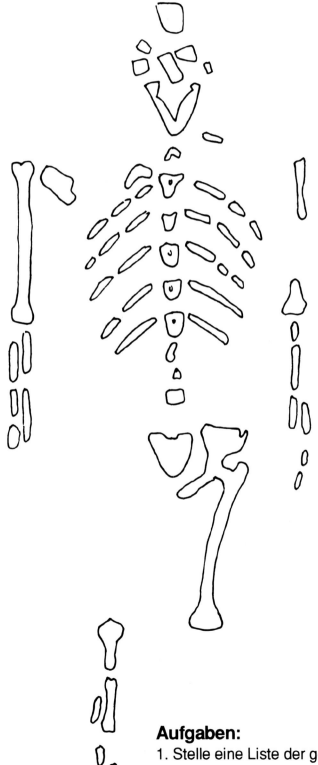

Urige Zeiten

Aufgaben:
1. Stelle eine Liste der gefundenen Skeletteile auf!
2. Zeichne die fehlenden Teile ein!
3. Vergleiche mit dem modernen menschlichen Skelett!

	Australopithecus	Homo erectus	Neandertaler	Cro-Magnon-Mensch
Körperbau, Größe				
Gehirn- volumen, besondere Leistungen				
Werkzeuge				
Behausungen				

Urige Zeiten

Lernzielkontrolle

1. Was bedeutet der Begriff "Australopithecus"?

   _____

   _____

2. Welcher Fund gilt heute als der älteste der Hominidenreihe, der in Richtung Mensch zeigt? Wie alt ist er?

   _____

   _____

3. Wie heißen die heute noch lebenden Menschenaffenarten?

   _____

4. Zu welcher Art zählen nach neuesten Erkenntnissen Schimpanse und Gorilla?

   _____

5. Wie sah es zur Eiszeit in Afrika aus?

   _____

   _____

   _____

6. Wo auf der Erde wurden die wichtigsten Funde zur Menschheitsgeschichte gemacht?

   _____

   _____

7. Wo liegt wahrscheinlich der Ursprung der Menschheit? Wie kommt man zu der Annahme?

   _____

   _____

8. Warum können Forscher nur Vermutungen über das tatsächliche Aussehen unserer frühesten Vorfahren anstellen?

   _____

   _____

Punkte   [ ]   Ergebnis   [ ]

Arbeitsvorschläge

für Freiarbeit oder Wochenplan

1. Vergleiche die Lebensweisen von Proconsul, Australopithecus und Homo erectus miteinander, und zeige die Unterschiede auf!

2. Stelle in einer Tabelle die Entwicklung der Hominidenreihe dar! (siehe Arbeitsblatt 20)

3. Informiere Dich über die Werkzeuge der Steinzeit. Vielleicht gibt es in Deiner Nähe ein urgeschichtliches Museum mit einer entsprechenden Ausstellung.

4. Erzähle über einen Jagdausflug der Neandertaler in der „Ich-Form"!

5. Berichte über die Probleme bei der Feuerbeschaffung der Urmenschen!

6. Vielleicht kann Euch Euer(e) Lehrer(in) Feuersteine beschaffen.
   Stellt Faustkeile, Schaber und Pfeilspitzen her!
   Aber Vorsicht, Feuersteine sind sehr scharf!

7. Malt allein oder gemeinsam mit anderen wie der Cro-Magnon-Mensch!
   Wenn Ihr Euch Sandsteinplatten beschaffen könnt und darauf malt,
   sieht das Werk fast echt aus.

8. Wie könnte eine Begegnung zwischen Neandertalern und Cro-Magnon-Menschen gewesen sein? Eher gewalttätig? Oder eher friedlich? Oder ganz anders? Schreib' es auf!

Schreibe die Ergebnisse in Dein Heft!

erledigt:

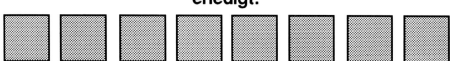

Urige Zeiten

Arbeitstext:
Vom Leben der Jäger, Sammler und Fischer

Seit etwa 40 000 Jahren lebten die neuen Menschen von **Cro-Magnon**. Sie unterschieden sich von den Urmenschen durch ihr äußeres Erscheinungsbild. Sie hatten einen schlankeren Körperbau mit feineren Gliedmaßen, eine hohe Stirn und ein hervorspringendes Kinn. Sie sahen ziemlich so aus wie heutige Menschen.

Diese Menschenart war bereits in der Lage, scheue und schnellere Tiere zu erjagen. Diese Weise der Jagd, bei der die Tiere nur aus einiger Entfernung erlegt werden können, bezeichnet man als Fernjagd. Die **Fernjagd** erforderte bessere Waffen und größeres Wissen und Können, als es die Urmenschen hatten. Die neuen Menschen lernten auch bald, die Jagd gezielt zu planen, jedem Jäger seine besondere Aufgabe zuzuweisen und den Rat erfahrener Jäger anzunehmen.

Noch konnten die Neumenschen sich nicht allein von der Jagd ernähren. Sie mußten zusätzlich sammeln. Diese Arbeit verrichteten vor allem Frauen und Kinder. Erstmals in der Geschichte der Menschheit wurde nun Arbeit bewußt verrichtet und bewußt geteilt. Die Jäger hatten noch eine andere Möglichkeit der Jagd, also des Nahrungserwerbs gefunden: Sie nutzten Gewässer, Flüsse und Bäche. Sie waren auch **Fischer** geworden.

Die neue Arbeitsweise war nur mit Hilfe neuer Waffen möglich. Aus der Stoßlanze wurde der Wurfspeer für die Fernjagd. Widerhaken im Speer verhinderten, daß das Tier die Waffe abstreifen konnte. Die Fischer fertigten Harpunen. Allmählich erlangten die Cro-Magnon das Wissen und die Erfahrung, eine Waffe herzustellen, die weiter reichte und sicherer traf als Wurfspeer und Harpune. Aus Holz und Tiersehnen stellten sie die ersten **Bögen** her.
Aus Holz- und Rohrstäben, die mit Spitzen aus Knochen oder Stein versehen waren, entstanden die zugehörigen **Pfeile**. Jetzt konnten die Jäger Tiere jagen, die für ihre Vorfahren unerreichbar waren: Wildgänse, Reiher, Antilopen und Gazellen. Die Fischer entwickelten die Technik des Angelns. Es entstanden Angelhaken aus Knochen, die allerdings noch keine Widerhaken hatten wie unsere heute. Mit Wurfspeer, Harpune, Pfeil und Bogen konnten praktisch alle Tiere gejagt werden, egal wie groß, egal wie schnell sie waren.

Wenn die Jäger mit erlegten Tieren von der Jagd kamen, mußten sie weitere Arbeiten verrichten. Sie trennten die Felle und das Fleisch ab, entfernten Sehnen, Knochen und Geweihe. Der Faustkeil erwies sich für solche Tätigkeiten immer mehr als ungeeignet. Der neue Mensch erfand für alle speziellen Arbeiten **Spezialwerkzeuge**. Aus bearbeiteten Steinen entstanden: Stichel, Messerklingen, Kratzer, Bohrer, Meißel und Druckstab.

Die Jäger, Sammler und Fischer erlangten durch den Gebrauch von Fernwaffen und Spezialwerkzeugen und durch ihre größere Arbeitserfahrung beim Jagen und Fischen und in der Herstellung von Werkzeugen sehr viel mehr Nahrung für ihren täglichen Gebrauch als die Urmenschen.

Aber die neuen Menschen brauchten auch mehr Nahrung, da sie nicht mehr in der kleinen Horde zusammenlebten wie die Urmenschen, sondern in einer Gruppe von 50 bis 60 Personen, der sogenannten **Sippe**.

Diese Sippe konnte auch länger an einem Ort bleiben. Sie legte einen Rastplatz in günstiger Lage an, den sie vorher sorgfältig auswählte, meist in der Nähe von Seen oder Flüssen. Hier errichteten die Menschen ihre Zelte und einfachen Hütten. Hier bereiteten sie ihre Nahrung zu und fertigten ihre Kleidung an. Am Rastplatz brannte das Feuer. Das Entzünden des Feuers war ja längst kein Problem mehr.

Für einige Wochen oder Monate blieb die Sippe an diesem Platz. Er wurde zum Mittelpunkt des Lebens. Das Zusammenleben in der Sippe mußte anders als in der Horde geregelt werden.
Männer, Frauen und Kinder waren am Rastplatz mit verschiedenen Arbeiten beschäftigt. Mit der Werkzeugherstellung, dem Ausbessern der Jagdwaffen, der Zubereitung der Nahrung, dem Bearbeiten von Fellen, dem Unterhalt des Feuers. Kinder, alte und kranke Menschen mußten gepflegt werden. Die Sippe regelte auch das Jagen und Sammeln außerhalb des Rastplatzes. In der Sippe widmeten sich die Frauen vor allem dem Sammeln, der Zubereitung der Speisen, der Anfertigung der Kleidung und der Pflege der Kinder. Die Männer jagten und stellten Werkzeug her. So bildete sich im Laufe der Zeit eine **Arbeitsteilung** zwischen Männern und Frauen heraus, die dem Überleben diente.

© Verlag an der Ruhr, Postfach 10 22 51, 45422 Mülheim an der Ruhr

Urige Zeiten

Aufgabe:
Arbeite den Text sorgfältig durch und halte einen Vortrag über das Leben der Jäger, Sammler und Fischer.

Die Menschen der Altsteinzeit im Vergleich

Die Urmenschen (Homo erectus)	Die Jäger, Sammler, Fischer (Cro-Magnon)
Wann lebten sie etwa?	Wann lebten sie etwa?
Wie sah ihr Zusammenleben aus?	Wie sah ihr Zusammenleben aus?
Welche Waffen und Werkzeuge hatten sie?	Welche Waffen und Werkzeuge hatten sie?
Wie jagten sie? Wie heißt diese Jagd?	Wie jagten sie? Wie heißt diese Jagd?
Wo lebten sie?	Wo lebten sie?
Wie wohnten sie?	Wie wohnten sie?
Wie arbeiteten sie?	Wie arbeiteten sie?

Urige Zeiten

Werkzeugmacher

Aufgabe:

Hier haben wir einen wunderschönen Faustkeil. Er soll noch weiter bearbeitet bzw. zerlegt werden. Zeichne auf, was Du alles damit machen würdest. Du darfst auch noch andere Materialien verwenden, die die Steinzeitmenschen zur Herstellung von Werkzeugen zur Verfügung hatten. Vielleicht kannst Du Dir Feuerstein beschaffen und aufgrund Deiner Zeichnung „echte" Steinzeitwerkzeuge herstellen.

Wohnstätte

Urige Zeiten

Aufgabe:
Diese Behausung ist noch nicht fertig. Wie sieht sie komplett und mit Bewohnern aus? Zeichne weiter!

Arbeitstext:

Musik in der Urzeit

Über die Anfänge des menschlichen Musizierens weiß man fast nichts. Von Tönen gibt es eben keine Versteinerungen wie von Knochen, und auch die urzeitlichen Musikinstrumente wurden nirgendwo entdeckt und ausgegraben, weil sie so vergänglich waren. Allerdings hat man Höhlenzeichnungen gefunden, die 40 000 Jahre alt sind und auf denen Menschen tanzen. Verläßliche Darstellungen von Musikinstrumenten gibt es etwa ab 4000 v.Chr.

So ist man heute auf Vermutungen von Forschern und Wissenschaftlern angewiesen, die sich mit dieser Frage beschäftigen. Sie stützen sich auf Beobachtungen, die sie heute nur bei einigen wenigen sogenannten primitiven Völkern machen können, die es noch auf der Erde gibt. Diese Völker leben zum Teil noch in einem Zustand, der dem der frühen Steinzeitgesellschaft sehr nahe kommt, zum Beispiel in Neu-Guinea und am Amazonas.

Sicher war frühmenschliche Musik nicht das, was wir heutzutage darunter verstehen. Und sicher ist die Erzeugung musikalisch brauchbarer Töne älter als der Mensch. Man denke an den Gesang der Vögel. Ein wahrscheinlicher Gedanke ist, daß die Musik des Menschen in ihrer frühen Form einmal aus Verständigungsrufen entstanden sein könnte. Vielleicht war es so, daß die allerersten Sprachlaute nicht mehr genügten, wenn sich die Jäger über größere Entfernungen verständigen wollten. Dazu mußten sie dann ihre Stimme bis an die Grenze ihrer Leistungsfähigkeit erheben, damit sie am weitesten trug. Ein gleichbleibender, sehr lauter Ton war die Folge. Daraus könnten sich allmählich musikalische Formen wie Tonfolgen und Melodiebögen entwickelt haben.

Andere Wissenschaftler meinen, daß der Gesang völlig zweckfrei neben der Sprache entstanden ist. Vielleicht war es zunächst nur ein einziger Ton, begleitet vom eintönigen Gehämmer auf mitschwingende Knochen und Hölzer. Sicher ist - und bei Naturvölkern beobachtbar -, daß es nur wenige Töne waren, die die frühe Musik bildeten. Diese Töne wurden wohl so gebildet, wie es dem menschlichen Gehen entspricht, also etwa mit einer Zweierbetonung. Auch waren bestimmt größere Tonintervalle vorhanden, wie man sie von Rufen her kennt.

Diese ersten musikalischen Frühformen kann man aber nur verstehen, wenn man weiß, daß die frühen Menschen - ebenso wie heutige Naturvölker - ihre Gedankenwelt nicht von ihrer wirklichen Umwelt unterscheiden konnten. Der Urmensch war Teil der Natur, in die er hineingestellt wurde. Unbegreifliche Vorgänge in der Natur konnte er nur durch das Wirken unsichtbarer Wesen erklären - Wesen, von denen er sich abhängig glaubte und die er günstig stimmen oder abwehren mußte, sei es bei Unwetter oder Regen, Jagd oder Kampf, Krankheit oder Tod, Saat oder Ernte. Überall gab es etwas zu beschwören, die Stimmen der vermeintlichen Geister mußten nachgemacht werden, und das Verhalten mußte möglichst „außerirdisch" wirken. Einen solchen Glauben finden wir noch bei den Aborigines, den Ureinwohnern Australiens.

Unnatürliche Stimmen, hypnotischer Gesang, körperliche Peinigungen dienten diesem Zweck. Zunächst war das eine Lebensäußerung der ganzen Horde, der Sippe, des Stammes. Später gab es auch in diesem Bereich Arbeitsteilung. Schamanen, Medizinmänner und Priester übernahmen die Aufgabe stellvertretend. Im Laufe der Zeit wurden die musikalischen Formen immer vielfältiger, und nach Zehntausenden von Jahren schließlich wird sich die Musik irgendwann einmal aus ihrer rein religiösen Bindung befreit haben und eine eigene Bedeutung bekommen haben: Musik als Kunstform. Mit dieser Entwicklung verbunden ist die Geschichte der Instrumente, die ihren Anfang in naturgegebenen Materialien wie Hölzern, Steinen, Knochen, Fellen und Sehnen nahmen. Die Weiterentwicklung der Musikinstrumente kann man parallel zur Entwicklung der Waffen und Werkzeuge verfolgen.

Aufgabe:

Arbeitet den Text sorgfältig durch. Vielleicht könnt Ihr im Musikunterricht darüber sprechen und auch „frühmusikalische" Versuche anstellen, indem Ihr mit Eurer Stimme experimentiert oder einfach Instrumente selbst herstellt.

© Verlag an der Ruhr, Postfach 10 22 51, 45422 Mülheim an der Ruhr

Urige Zeiten

Alles sauber, oder was?

Vor einiger Zeit konnte man in der Zeitung lesen:
Eine umweltbewußte Pfadfindergruppe hatte sich daran gemacht,
in einer touristisch gut besuchten Höhle Frankreichs
Wandschmierereien zu entfernen.
Die Saubermänner hatten dabei übersehen, daß auf der Wand auch noch
unersetzliche Höhlenmalereien aus der Urzeit waren.
Vorbei! Aber wie könnte denn ein solches Bild ausgesehen haben?

Urige Zeiten

Zukunftsroman

Wir wollen einmal hoffen, daß die Menschheit es doch irgendwie schafft, sich nicht den eigenen Lebensraum zu ruinieren oder sich selbst durch atomaren Wahnsinn auszulöschen.

Aber es kann ja doch gut sein, daß es uns ähnlich wie den Dinosauriern geht: Eine kosmische Katastrophe - etwa ein Riesenmeteor schlägt ein, oder der Himmel fällt uns auf den Kopf - macht allem ein Ende.

Dagegen kann der Mensch kaum etwas tun. Spinnen wir den Gedanken einmal weiter und bemühen die berühmten Außerirdischen (die nicht unbedingt grüne Männchen sein müssen). Dieselben landen - wie auch immer - in ein paar Millionen Jahren auf unserem verwüsteten Planeten und werten unsere Hinterlassenschaften archäologisch aus.

Was, glaubst Du, werden sie über uns und unsere Kultur zu sagen haben? Versetze Dich in ihre Lage und schreibe einen Bericht für die

Lernzielkontrolle

1. Was ist zu der Bezeichnung "Höhlenmenschen" zu sagen?

_____

_____

_____

2. Waren die Urmenschen Kannibalen?

_____

3. Welcher Urmensch konnte wahrscheinlich erstmals Feuer entfachen?

_____

4. Beschreibe den Lagerplatz einer Neandertalersippe!

_____

_____

_____

_____

_____

5. Warum konnten die Urmenschen keine Fallgruben ausheben?

_____

6. Was sind Faustkeile? Was konnte man mit ihnen tun?

_____

_____

_____

7. Wann erscheint der "moderne Mensch" erstmals in Europa?

_____

8. Welche herausragende Leistung unterscheidet den Cro-Magnon-Menschen von all seinen Vorfahren?

_____

_____

_____

_____

© Verlag an der Ruhr, Postfach 10 22 51, 45422 Mülheim an der Ruhr

Punkte   **Ergebnis**

Ein Streitgespräch

Als Charles Darwin erstmals seine neuen Theorien verkündete, waren seine Gegner eher unter den anderen Wissenschaftlern zu finden. Einer der schärfsten Gegner war der berühmte Anatom Richard Owen, der unbeugsam die These vertrat, der Mensch stamme niemals vom Affen ab oder sei auch nur annähernd mit ihm verwandt. Stellen wir uns einmal vor: Zu jener Zeit fand in London in der Anthropologischen Gesellschaft eine Diskussion zwischen Owen und Darwin statt. Was haben sie wohl gesagt?

Owen: _____

_____

_____

_____

_____

_____

_____

_____

_____

Darwin: _____

_____

_____

_____

_____

_____

_____

_____

_____

Spannende Geschichte

☐ Projekt Geschichte

Überarbeitete Auflage von:
"Rückblicke Geschichte I + II"
Peter Brokemper
Ab Kl. 6, jeder Band ca. 130 S., A4, Pb.
ca. je 35.00 DM *(Herbst 93)*

Projekte und Materialien zur Erarbeitung und Wiederholung des Stoffes von Ägypten bis zur Neuzeit. Quellen und Schaubilder für arbeitsteilige Gruppenarbeit; problemorientierte Auswertungsbögen (Grundbedürfnisse, Macht, Krieg und Frieden) und vieles mehr. Die Arbeitsblätter sind einzeln (als Kartei) oder als Kurs einsetzbar.

☐ Band 1:
Vorgeschichte bis Mittelalter
☐ Band 2:
Frühe Neuzeit bis Erster Weltkrieg

☐ Bilder-Geschichte

Geschichte in Bildern und Situationen
M. Hamacher, U. Hecker, W. Nüchter
Jeder Band 35 Bild-Karteikarten, beidseitig bedruckt, A4
je 27.00 DM
Beide Bände zusammen nur 48.00 DM

Eine Arbeitskartei zum selbständigen Erarbeiten, Ausmalen, Anschauen, Diskutieren, Texteschreiben, Ausschneiden, Neugestalten.

☐ Band 1: Von den Römern bis zum Absolutismus
☐ Band 2: Von der frz. Revolution bis nach dem 2. Weltkrieg

☆ Simulationen zur Weltgeschichte

Max W. Fischer
Kl. 7-10, ca. 96 S., A4, Papph.
ca. 32.00 DM *(Winter 93/94)*

Geschichte ist mehr als Nationalgeschichte! Diese Arbeitsblätter lassen die Kinder weit über den eigenen Tellerrand hinausschauen: Als Kaufleute treiben sie Salzhandel im frühen Westafrika, als Bauern, Vasallen und Adlige erleben sie das mittelalterliche Feudalsystem in Europa, sie testen das Kommunikations- und Ingenieurswesen der Inkas oder kämpfen in Südafrika gegen die Apartheid. Die Simulationen, Rollenspiele und Problemstellungen vermitteln weltgeschichtliche Zusammenhänge bis hin zur neuesten Geschichte anschaulich und immer "hautnah".

"Geschichte im Modell"
☐ Imperium Romanum

Stefan Klein
Ab Kl. 5, 60 S., A4, Papph.
30.00 DM

Eine Möglichkeit, dem verkopften Geschichtsunterricht ein handlungsorientiertes Schnippchen zu schlagen. Die Mappe besteht aus zwei Teilen: einem kurzen Informationsteil und einem Bastelteil für Schüler mit konkreten und übersichtlichen Bastelbögen. Im Unterricht entstehen römische Villen, ein Stück Limes mit Wachturm, ein römisches Kastell. Geschichtsunterricht handgreiflich!

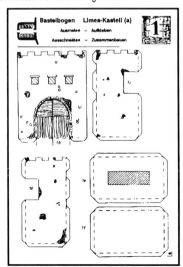

☐ Kreuz und quer: Durch die Geschichte

Harry Stahl
Ab Kl. 5, jeder Band 40 S., A4, Papph.
je 25.00 DM

Mit pfiffigen Rätseln durch die Geschichte. Bringt Abwechslung und spielerische Wiederholung in den Unterricht.

☐ Band 1:
Von der Urzeit bis zum Absolutismus
☐ Band 2:
Französische Revolution bis 1945

☐ *Irre Seiten*
Dinos aktiv

Brian Mackness
Ab Kl. 5, 59 S., A4, Papph.
30.00 DM

Schon wieder Dinosaurier? Haben wir auch gesagt! Aber *so* ist Ihnen dieses Thema noch nie dargeboten worden: Ihre SchülerInnen werden begeistert in die Rolle von Paläontologen schlüpfen, Skelette rekonstruieren, sich selbst als Dinos ausstaffieren und an der Dinolympiade teilnehmen, für die "Saurier-Rundschau" schreiben, menschengroße Dinopuppen basteln, den Fossie-Rock tanzen, einen Dino adoptieren ... Ach ja, Sachinformationen gibt's auch bei uns, logisch, und alles garantiert mit witzigen Illustrationen.

 **Verlag an der Ruhr**

Postfach 10 22 51, 45422 Mülheim an der Ruhr
Alexanderstraße 54, 45472 Mülheim an der Ruhr
Tel.: 0208 / 49 50 40
Fax: 0208 / 495 0 495